JN169889

大卒無業女性の憂鬱

彼女たちの働かない・働けない理由

前田正子
Masako Maeda

新泉社

目次

第2章 未婚無業の女性

第3章　大卒未婚無業の女性たちのそれぞれ　73

第4章　女子大生の夢と現実　125

第5章　既婚子持ち女性の再就職への壁　153

装丁・本文デザイン／モリサキデザイン
図表作成／あおく企画

序章　一億総活躍のかげで——無業の女性たち

いまや世の中は〝女性活躍〟の掛け声でいっぱいである。だがすべての女性が自ら自分の人生の在り方を選び、いきいきと暮らしているとは限らない。女性というだけで、働く機会が失われ、活躍できずにいる人もまだまだたくさんいる。

本書の目的は、働く女性ではなく、「無業の女性」、とくにそのなかでも「大卒無業の女性」に焦点を当て、これまでかえりみられてこなかった彼女たちの状況を明らかにすることである。そのためには、彼女たちが無業でいる背景にある個人的事情を探るだけでなく、それぞれの居住地域の考え方や雇用環境がどのように彼女たちに影響しているのかについても見ていきたい。

だが、無業ということは、どこにも属していないということであり、その姿は見えにくい。女性が無業であることが何か問題なのか？　と思われる人もいるだろう。そこで、最初になぜ私が無業女性に注目することが重要だと考えるようになったのか、説明したい。

1．30年ぶりの関西での驚き——女性の姿が見えない

私は関西で生まれ育ったが、18歳で進学のために東京に行き、その後、ずっと首都圏で子どもを育てながら働いてきた。そして、2010年に大学教員となって関西に戻ってきたのだが、あまりに女性をめぐる意識や状況が首都圏と違っていることに驚いた。

関西で私は、いろいろな会合や研修会に講師として呼ばれるが、そこでの出席者は年配の男性ばかり。女性がいないだけでなく、男性にしても若い世代がいない。ある市の幹部研修会に「少子高齢化と今後の行政施策」といったテーマで呼ばれたときも、一人も女性がおらず、驚愕したものだ。子育て支援や介護の問題が行政の大きな課題となるなかで、「子育てや介護は女性の仕事」と考えがちな年配の男性が、どうやって当事者目線で施策を考えられるだろうか。「なぜ女性幹部がいないのか?」と私が尋ねると、「そもそも一昔前は女性の採用が少なく、管理職年齢の女性が少ない。さらに管理職になる時期が子育て期と重なって、女性自身がなりたがらない」という答えだった。

私がかつて働いていた横浜市役所では、一定の割合の女性の採用が昔から続いていた。1990年代後半からは大卒事務系採用の半分は女性となり、2000年代に入ったころには女性の管理職が当たり前のようにいた。なにせ採用人数の半分が女性なのだから、その人たちに管理職になってもらわないと、組織が回っていかない。それに彼女たちが子育てや介護の問題を経験することは、「市民が何に困っているのか」ということを自ら経験することになる。

そこで私は、「子育てを理由にせず、市民と共有できる経験をしたことを生かして、管理職になってほしい」と、ことあるごとに話していたものだ。

首都圏でも、私の長男が保育園や学童保育に通っていた1990年代は、働く母親はまだ少数派で、「子どもがかわいそう」と言われたこともしばしばあった。だが、2000年代になってから生まれた次男が保育園や学童保育に通ったときは、働く母親も増え、小学校併設の学童保育は満杯。「若い世代を沿線に惹きつけるため」と、鉄道会社が駅ビルに学童保育を展開しだしていた。

すでにそのころから、次男が通う首都圏の小学校の女の子の母親たちは、自分は専業主婦であるにもかかわらず、「ちゃんと自立して生きていける能力を身につけさせないと」と、娘の教育には熱心だった。首都圏では、さまざまな職業の〝働く女性〟を見るチャンスも多いからだろう。ここ数年、子どもが社会人になりはじめた私の大学時代の友人たちも、娘には「結婚して子どもが生まれたら、子育てを手伝ってあげるから、とにかく働き続けなさい。仕事を手放してはだめよ」と言っているという。

これまで私は、子育て支援や保育の調査で全国を回ってきたが、地域によって女性が働くことに対して意識の違いがあることを実感している。北陸などでは、家族みんなで働いて家計を支えるというのが当たり前という考え方が強く、「年寄りも、足腰が立つまでできることをして働く。健康な嫁が家にいることは許されない」という声も聞いてきた。

2．女子はがんばる必要がない？

ところが、関西の大学で教えだしてすぐに、女子学生のなかに「女の子はがんばる必要がないと親に言われている」とか、「どうせ結婚したら仕事を辞めるんだから、勉強する意味がわからない」と、女子であることを言い訳にして、自分の能力を伸ばそうとしない、職探しにも熱が入らない学生が一定数いることに気づいた。

実際、「満員電車に乗って、職場に行くようなしんどいことは娘にさせたくない」と母親からはっきり言われたこともある。同じ日本でもこんなに考え方が違うのか、と驚くばかりだった。

さらに、就職が決まったボーイフレンドから「若い間は給料が安いから、一緒に働いてがんばろう」と言われただけで、「女に働け、と言うような甲斐性のない男とは付き合うな」と親から口だしされて別れたという女子学生までいる。

ある女子卒業生は、就職した会社に「新人は早く来て職場を掃除する」という習慣があるだけで、「そんなことを、なぜ大事な孫がしなくてはいけないのか」と祖母が怒り、研修期間中に仕事を辞めてしまった。その後は、花嫁修業と称して家にいるらしい。

卒業生のなかにも、「派遣の人と同じ仕事をしているだけだし、それなら好きなときだけ働ける派遣で働こうと思う。もう一年働いたから、親も女の子だから辞めてもいいっていうし」と、私のところに相談に来た子がいた。尋ねると、「適当に派遣やアルバイトをして、そのうち、お金のある人と結婚して楽に暮らしたい」というが、付き合っている相手がいるわけでもない。

しかし、相談に来るだけましである。辞める前に学校に相談にでも来てくれれば、その後のフォローもできるが、なんの展望もないままに、初職をあっという間に辞めてしまう子も一定数いる。

もちろん就業意欲が高く、チャンスに恵まれ、いきいきと働いている卒業生も大勢いる。初職を簡単に辞める卒業生も、辞めた当初は、がんばって働いている同級生と連絡を取り合い、転職活動などしているようだが、次の就職がなかなか決まらないと、そのうちに「アルバイトでもいいや」となり、次第に同級生たちとは疎遠となる。

そうやって消息不明になる卒業生たちが、男女問わず出てくるのだが、これはたまたまなのだろうと思っていた。ところが、どうも関西ではそうではないようなのだ。

3. 独身無業のまま40代に

関西に戻ってきた当初、私は阪神間の山の手に住んでいた。次男は低学年で関西の小学校に転校した。次男が通うその地区の小学校では、首都圏とは違い、働く母親は圧倒的な少数派であった。若いお母さんたちは「女の子にガツガツさせたくない」「女の子の人生は結婚相手で決まるから」と無邪気に話す。緑豊かで、きれいな住宅街に立つ小学校の周りは、そこだけ別世界のようにのんびりしていた。

そうこうする間に次男も小学3年生の終わりが近づき、小学校併設の学童保育を利用できるのもわずかになったのだが、4年生から預かってもらえるところがない。ひとまず少し離れた地域に一件だけあった民間事業者の運営する学童保育をインターネットで探しだし、電話をしてみた。

すると私の住んでいる地域への進出を考えていたが、採算の見込みが立たず断念したという。なぜなら、関西では、働いていても「パートで」というお母さんが多く、それなりのお金を払って学童保育に預けるだけのお給料がもらえる正規職の人が少ないため、という理由である。それなりの保育料を払ってでも民間の学童保育に預けたいと考える、正規職で働く母親が多い首都圏とは、まったく状況が違うのだ。

高級住宅街に近いその地区は、バブルのころは買い物客がいっぱいいたというが、いまではすっかりさびれてしまっていた。しばらくすると、小さなブティックやアクセサリーショップができてはあっという間につぶれるということに気がついたのだが、どれも最初から商売する気があるのかないのか、入りにくい構えの店ばかりであった。

地元の不動産屋さんに聞くと、それらは「周辺のお屋敷に住んでいる、結婚しないまま40代になった娘さんたちの趣味の店」だという。家で花嫁修業をしていたものの、結局、結婚せず、かといって、ただ家にいるには暇すぎる。40代に入っていよいよ結婚は難しいと考えるようになり、「お店をやってみたい」という娘の希望を聞いて、親がお金を出して店をやらせるが、素人商売なので続かないという。

「親御さんが亡くなられた後は、お嬢さんたちはどうなさるの?」と尋ねると、それなりの資産は親が残すだろうが、親が介護状態になったりすると有料老人ホームに入るための資金が必要になる。そうでなくても、いずれ親が亡くなると遺産分割となるだろうから、遅かれ早かれ家は売りに出るだろう、という。そこで初めて私は、きれいな服を着て平日の昼間、ペットを連れて散歩をしている妙齢の女性たちが、奥様方ではなく未婚のお嬢様方であることを教わったのである。

実は横浜市役所で2000年代当初から、話題になりだしていたことがある。「この子は一度も働いたことがなく、親が亡くなった後、どうすればいいですか」と、40~50代の娘を連れて、高齢の親が区役所の窓口にくるというのだ。

彼女たちが学校を卒業したころは、就職せず、花嫁修業と称して家でお稽古などをして過ごし、それなりの時期が来たら結婚することは珍しいことではなかったのだろう。だが、たまたま縁なく結婚せず、就業経験もないまま40~50代になった女性たちは、もはや外に出て働く、他人と交わるということも難しそうな状況だったという。

当時は若者への就労支援が始まりだしたころで、無業のまま40代になった女性には支援の仕組みもなかった。次に公的サービスにつながるときは、親が要介護状態になるときか、親が亡くなって年金収入も絶え、生活に行き詰って生活保護の窓口にくるときだ、という危機感を生活保護課では持っていた。10年か20年後には50~60代の就業経験のない未婚女性の生活保護受給者が増えるのは避けられないだろうとも予測していた。

資産があるかどうかにかかわらず、無業のまま家で過ごしている間に、容赦なく親も本人も年をとる。彼女たちが男性なら、「男は働くのが当たり前」という考え方が日本では強いため、親ももっと若い間になんとか息子を家の外に出そうとしただろう。うまくいけば就労支援など、公的支援に早めにつなげることもできたかもしれない。

だが女性には「家事手伝い」という大義名分があり、本人も周囲もそれで納得していると、どこにもつながらないまま時間だけが過ぎる。そして親が年をとり、介護が必要になると、その娘が介護を担うことになる。

「女性は働く必要がない」という意識がいまだに強く、就業意欲の低い一部の関西の女子学生たちを見るうちに、せっかく大学まで来ても、そもそも就職しなかったり、初職を辞めてしまったりして、未婚無業のまま展望の見えない生活を送っている女性たちが多いのではないか、と考えるようになった。

さらに後の章で紹介するが、とくに関西は、奈良や大阪をはじめとして女性の大学進学率が高い一方で、日本のなかで最も女性の就業率が低い地域である。国勢調査でも「家事手伝い」「その他」と答える未婚無業の若い女性が何万人もいる地域である。もちろん全国で見れば、こういった女性は何十万人もいることになる。

また関西で子どもを抱えるお母さんたちに話を聞くと、就業意欲があるのに、「家計がギリギりで、働きたいと思ってもいい仕事がない」「夫や夫の両親が働くことに反対だ」「女性が働くことに周囲の理解がない」という声も聞く。

関西では、実際に働いている女性は少ないが、「働きたい」という意欲を持つ女性は多く、両者を加えると、全国平均と比べてそれほど就業意欲が低いわけではない。つまり何か障害があって、再就職も難しい状況のようなのだ。少子高齢化で働き手が減っているなかで、彼女たちの力を社会で生かせないのは大きな損失でもある。働くことだけがすべてではないが、女性たちに、社会でそれぞれ自分の居場所や役割を見つけ、充実した毎日を送って欲しい。

本書で、こうした関西の大卒無業女性のそれぞれの状況を取り上げることで、全国の多くの女性たちが自分の人生を自分で築いていくために何が必要かを見つける一助になればと考えている。

第1章 一億総活躍時代の女性の状況

1.「女性活躍推進法」の制定

ここ数年来、政府は女性活躍を提唱しているが、なぜ、急に女性に焦点が当てられ始めたのか。その背景には日本の人口が減りだしていることがある。実際、2015年の人口は前年に比べ28万人減少した。これは生まれる人が少なく、死ぬ人が多いということであり、人口減少以上のスピードで若い現役世代の人口が減っているということでもある。そこで政府は、いよいよ女性の労働力に注目し始めた。

たとえば、政府が2014年に出した「『日本再興戦略』改定2014」では、「わが国最大の潜在力は女性の力」と位置づけ、「育児・家事支援環境の拡充」「企業などにおける女性の登用を促進するための環境整備」「働き方に中立的な税・社会保障などへの見直し」の3つを具体的な政策として上げた。

同じ年の10月には「すべての女性が輝く社会づくり本部」が設置され、早急に実施すべき政策として「すべての女性が輝く政策パッケージ」が発表された。これは「安心して妊娠・出産・子育て・介護をしたい」「職場で活躍したい」「地域で活躍したい、起業したい」などといった6本の柱から成り立っている。

さらに、2015年には「女性活躍推進法」が定められた。この法律の正式名称は「女性の職業生活における活躍の推進に関する法律」であり、女性が職場で活躍するという目標がはっきりと示されている。この法律に伴って、2016年4月からは、①女性の採用比率、②勤続年数の男女差、③労働時間状況、④女性管理職比率等の状況を把握・分析したうえで、従業員300人以上の企業は事業主として行動計画を策定しなければならなくなった。現役で働ける人を増やすには女性に注目するしかない、企業にも本気になってもらいたい、というわけだ。

2.一億総活躍社会とは

次いで2015年の秋に「一億総活躍推進室」が内閣府に設置され、「一億総活躍社会の実現」がアベノミクス第2ステージの目標として掲げられた。

ちなみに、一億総活躍社会とは、「少子高齢化という日本の構造的な問題に取り組み、50年後も人口一億を維持」し、「一人一人の日本人、誰もが家庭で、職場で、地域で生きがいを持って充実した生活を送ることができる」ということである。

2016年6月に出された「ニッポン一億総活躍プラン」では、次のような「アベノミクス・新三本の矢」が挙げられた。

第一の矢が「希望を生み出す強い経済――GDP 600兆円の実現」、第二の矢が「夢を紡ぐ子育て支援――希望出生率1・8の実現」、第三の矢が「安心につながる社会保障――介護離職ゼロの実現」である。

この政策の狙いの一つは、未婚者の9割に結婚希望があるにもかかわらず、未婚率が上昇していることや、夫婦が経済的な事情などで予定している子どもの数を持てない状況を改善しようというものだ。

国の調査では夫婦が予定している子ども数は2人を上回っている。また未婚者の9割に結婚希望がある。そこで未婚者が希望通り結婚し、さらに未婚者が理想としている人数の子どもを産むと仮定して、すでに結婚している夫婦が予定している子ども数を加えて試算すると、出生率は1・8になることから、その希望を実現しようという訳なのだ。

もう一つは介護離職の改善である。総務省の「平成24年就業構造基本調査」によると、2011年10月から2012年9月までの1年間に、介護のために約10・1万人が離職している(内訳は、男性2万人、女性8・1万人)。うち約6万人は、仕事を続けたかったが、やむをえず退職せざるを得なかったと答えている。

2015年、65歳以上人口が人口全体に占める日本の高齢化率は26・7%にもなっている。このまま行けば、2020年の東京オリンピック開催から5年後の2025年には、高齢化率が30%を超え、いよいよ団塊の世代全員が75歳以上の後期高齢者になる。後期高齢者になると、要介護状態になる確率も上がり、介護費も医療費もぐっとかかるようになる。

2025年には、実際に介護に当たる介護福祉士も、2012年時点と比べ、最大で100

万人増の約249万人程度必要になると推計されている。高齢者が増えるときに必要なのは、直接介護やケアに携わる介護職や医療職ばかりではない。増える社会保障費と経済を支える働き手も必要である。とにかく、支え手となる現役世代が足りないという深刻な事態がすぐそこに迫ってきているのだ。

そこで政府は、2014年時点で70・8％である25～44歳の女性の就業率を、2020年には76％に、そして20年代半ばには80％程度にすることを目標としている。ようするに、女性も働き続けて経済を支えるとともに、税や社会保障の保険料を納め、子どもをたくさん産んで育て、そして介護をしながらも働き続けてもらいたい。とにかく、一人でも多く働ける人には働いてもらわないと、日本がもたないから、というわけである。

実はかつて、1980年代には日本の経済成長のカギは「日本型福祉」にあるとして、「専業主婦は日本の福祉の含み資産」とまでいわれていた。日本の税や社会保険料が安いのは、専業主婦が育児も介護もすべて無償で担ってくれるから、というわけだった。それから40年近くたって、女性に期待されるものがより大きく、そしてより都合よく変わってきていることがわかるだろう。

3. 女性の労働力率

このように政府は女性の就業率を上げようと躍起になっているが、現在どれくらいの女性が働いているのだろうか。現時点では抽出速報集計ではあるが、2015年時点の国勢調査で、その状況がわかる。

まず留意してほしいのは、高齢化の影響もあり、日本全体の労働力率は2000年以来、減り続けているということだ。2010年に男女合わせて61・2%であった労働力率は2015年には59・8%となっている。ちなみに、ここで取り上げた労働力率は、就業者と完全失業者を足した人数を15歳以上の人口で割ったものである。ということは、高齢化が進んで現役人口が減れば、おのずと労働力率は減少していくことになる。

そこで、2010年と2015年の労働力率を比較すると、男性は73・8%から70・8%と減少し、一方で女性は49・6%から49・8%と0・2%上昇している。だが男性の落ち込みをカバーするほどには女性の労働力人口は増えておらず、1995年に男女合わせて約6700万人だった労働力人口は減り続け、2015年には約6075万人と600万人以上減少している。それをまとめたのが表1である。

次に年齢別の労働力率を男女別に見てみよう。図1に1995年と2015年の男女別の労

表1　労働力率の推移（全体・男女）

	総数		男性		女性	
	労働力人口	労働力率	労働力人口	労働力率	労働力人口	労働力率
1995年	67,018	63.9%	40,397	79.4%	26,621	49.3%
2000年	66,098	62.1%	39,250	76.5%	26,848	48.7%
2005年	65,400	61.5%	38,290	75.3%	27,110	48.8%
2010年	63,699	61.2%	36,825	73.8%	26,874	49.6%
2015年	60,753	59.8%	34,321	70.8%	26,432	49.8%

資料：総務省「国勢調査」より　（単位：千人）
（注）2015年のデータは抽出速報集計である。

図1　5歳階級別男女別労働力率（1995年と2015年）

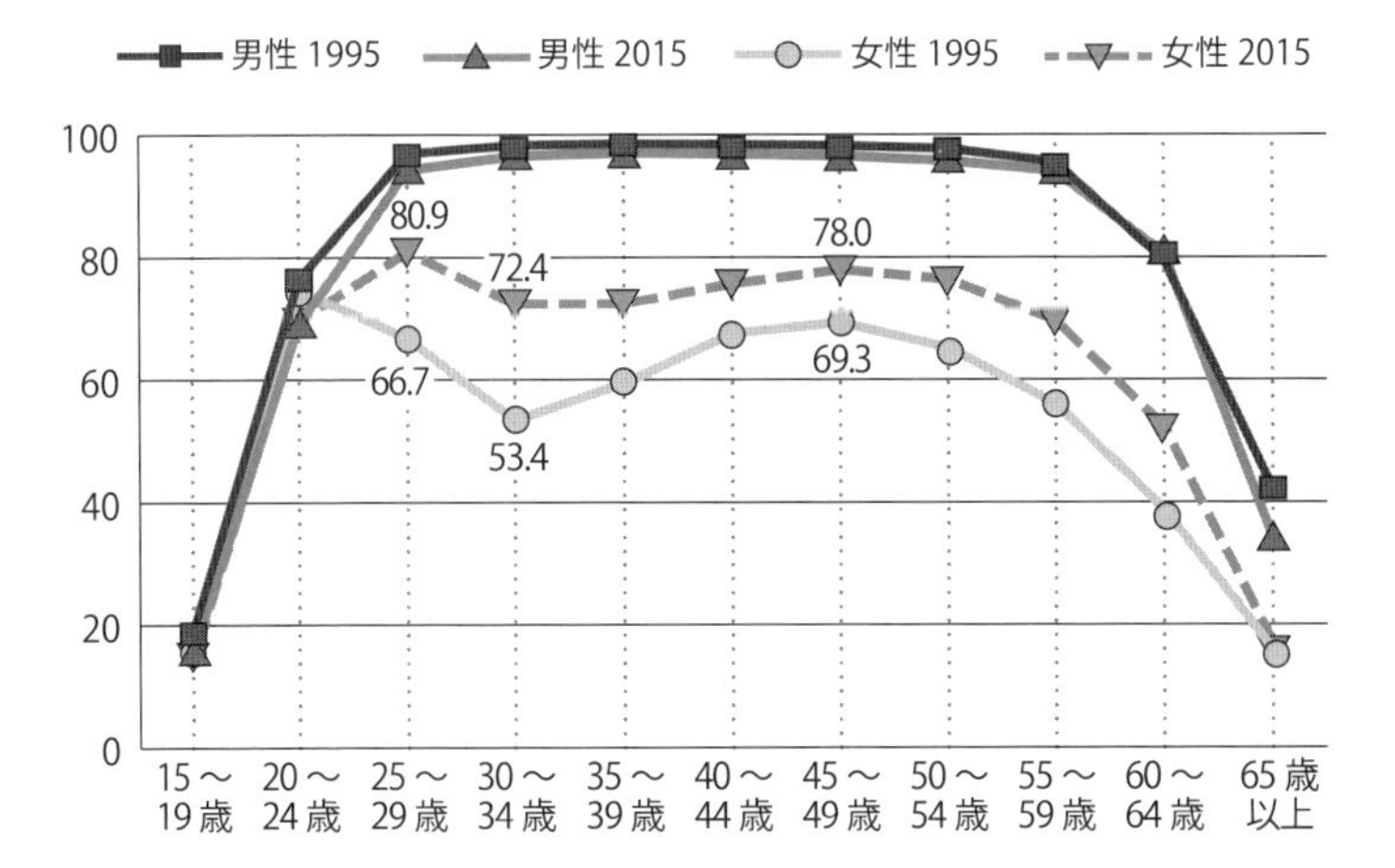

資料：総務省「国勢調査」より
（注）2015年のデータは抽出速報集計である。

働力率をまとめてみた。そうすると2015年時点では、20年前に比べると、どの年代でも女性の労働力率は高くなっている。とくに1995年にははっきりと見られた出産子育て期にあたるであろう30～34歳、35～39歳のM字の谷は、かつてに比べれば浅くなっていることがわかるだろう。

現役世代の男性の労働力率は95%を超えている現状から、男性でこれ以上労働力率を上げるには限界がある。つまり、日本社会で新たに発掘できる人材は、女性しかいないということが見て取れる。

さらに25～29歳の女性の労働力率が80%を超えた（2015年）のは、比較可能なデータが存在する1950年以降、初めてのことだ。またM字の谷が浅くなったのは、結婚・出産をしながら働き続ける人が増えているというよりは、未婚率の上昇や出産年齢の高齢化、または子どもを持たない女性の増加の影響の方が大きいと思われる。なぜなら、いまも働く女性のうち、出産を機に仕事を辞める人は5割にもなっているからだ。

4. 各県の女性の就業率

（1）各県の15歳以上の女性の就業率

ここまで見てきたように、働いている、もしくは職探しをしている女性は次第に増えてきて

表2　各県の15歳以上の女性の就業率（1995年と2015年）

1995年					
	全国	47.3%	24	東京都	48.1%
1	福井県	54.9%	25	熊本県	48.0%
2	鳥取県	54.1%	26	岡山県	48.0%
3	長野県	54.0%	27	山口県	47.7%
4	富山県	53.4%	28	滋賀県	47.3%
5	石川県	53.2%	29	茨城県	47.3%
6	静岡県	52.8%	30	秋田県	46.9%
7	岩手県	52.0%	31	宮城県	46.7%
8	島根県	52.0%	32	徳島県	46.7%
9	新潟県	51.3%	33	埼玉県	46.5%
10	山形県	51.0%	34	大分県	46.4%
11	岐阜県	50.7%	35	愛媛県	46.2%
12	佐賀県	50.2%	36	千葉県	46.1%
13	愛知県	50.2%	37	京都府	45.9%
14	宮崎県	50.1%	38	長崎県	45.3%
15	栃木県	49.9%	39	鹿児島県	45.3%
16	福島県	49.9%	40	北海道	45.0%
17	高知県	49.7%	41	神奈川県	44.6%
18	山梨県	49.3%	42	福岡県	44.5%
19	群馬県	49.0%	43	和歌山県	43.7%
20	香川県	48.8%	44	大阪府	43.6%
21	三重県	48.5%	45	兵庫県	42.2%
22	広島県	48.2%	46	沖縄県	42.1%
23	青森県	48.1%	47	奈良県	39.1%

2015年					
	全国	48.1%	24	熊本県	48.5%
1	福井県	54.0%	25	三重県	48.4%
2	石川県	51.8%	26	岡山県	48.2%
3	鳥取県	51.5%	27	鹿児島県	47.6%
4	長野県	51.1%	28	茨城県	47.6%
5	富山県	51.0%	29	神奈川県	47.5%
6	東京都	50.9%	30	京都府	47.5%
7	岐阜県	50.6%	31	千葉県	47.5%
8	佐賀県	50.4%	32	青森県	47.4%
9	沖縄県	50.2%	33	福岡県	47.1%
10	愛知県	50.1%	34	広島県	46.9%
11	山形県	49.9%	35	香川県	46.9%
12	静岡県	49.8%	36	宮城県	46.7%
13	宮崎県	49.7%	37	和歌山県	46.7%
14	山梨県	49.6%	38	長崎県	46.2%
15	島根県	49.6%	39	山口県	46.0%
16	新潟県	49.5%	40	大分県	46.0%
17	滋賀県	49.4%	41	大阪府	45.9%
18	岩手県	49.0%	42	秋田県	45.8%
19	埼玉県	49.0%	43	愛媛県	45.6%
20	群馬県	48.7%	44	徳島県	45.2%
21	福島県	48.6%	45	兵庫県	45.0%
22	栃木県	48.6%	46	北海道	44.5%
23	高知県	48.6%	47	奈良県	42.8%

資料：総務省「国勢調査」より筆者集計
（注）2015年のデータは抽出速報集計である。1995年の数値の分母は総数（不詳含む）。2015年の数値は分母の総数から不詳を除く。

いるが、実際に働いている人がどの程度いるかは、地域によって大きく違う。今度は各県別の就業率、つまり実際に働いている人の比率を表2にまとめてみた（１９９５年と２０１５年のデータ）。

就業率の高い県から順に並べてあるが、福井県や石川県のように就業率が高い県と、奈良県や兵庫県など低い県に分かれていることがわかるだろう。たとえば、２０１５年時点で就業率が高いのは、福井県（54・０％）、反対に低いのは奈良県（42・８％）となっている。

日本の現状を簡単に説明すると、福井県や石川県のような北陸地方では、製造業などで女性の正規職の職場が確保されていること、通勤も楽で保育園にも入りやすいこと、男性の所得が低いこともあり、結婚しても働き続ける、つまり共働きで世帯の家計を支えることが当たり前のようになっている。一方、都会では、長い通勤時間や長時間労働、保育園に入れないなどで、子育てしながら働き続けることが難しいことや、所得の高い男性と結婚した場合、経済的に働く必要がないことなどもあり、ベッドタウンとしても位置づけられる奈良県や兵庫県、神奈川県、千葉県などでは就業率は低くなるのである。

（２）各県の25～44歳の女性の就業率

それでは次に、一億総活躍プランのターゲット層である25～44歳の女性の就業率を見てみよう。ちょうどこの年代は結婚・子育て期でもあり、図１でみた女性の労働力のＭ字の谷をつく

表3　全国の都道府県の25～44歳の全女性の就業率（2010年と2015年）

2010年					
	全国	67.5%	24	群馬県	69.2%
1	島根県	78.7%	25	大分県	68.9%
2	山形県	77.8%	26	東京都	68.9%
3	富山県	77.4%	27	静岡県	68.6%
4	福井県	77.3%	28	岡山県	68.3%
5	鳥取県	76.8%	29	山口県	68.2%
6	石川県	76.6%	30	広島県	68.0%
7	新潟県	76.2%	31	沖縄県	68.0%
8	高知県	75.4%	32	栃木県	67.9%
9	秋田県	74.9%	33	宮城県	67.4%
10	岩手県	73.4%	34	京都府	67.2%
11	佐賀県	73.0%	35	愛媛県	67.2%
12	宮崎県	73.0%	36	福岡県	67.0%
13	熊本県	72.8%	37	茨城県	66.7%
14	青森県	71.1%	38	滋賀県	66.4%
15	長野県	70.8%	39	愛知県	65.9%
16	長崎県	70.6%	40	和歌山県	65.9%
17	福島県	70.6%	41	北海道	65.8%
18	徳島県	70.4%	42	埼玉県	64.8%
19	山梨県	70.3%	43	千葉県	64.4%
20	香川県	70.2%	44	兵庫県	63.7%
21	岐阜県	69.4%	45	大阪府	63.3%
22	鹿児島県	69.4%	46	神奈川県	63.1%
23	三重県	69.3%	47	奈良県	61.4%

2015年					
	全国	72.0%	24	香川県	73.8%
1	福井県	86.8%	25	和歌山県	73.6%
2	山形県	84.1%	26	群馬県	73.5%
3	鳥取県	82.5%	27	岐阜県	73.1%
4	富山県	81.1%	28	東京都	73.0%
5	島根県	80.8%	29	三重県	72.7%
6	秋田県	80.4%	30	静岡県	72.6%
7	石川県	80.2%	31	広島県	72.4%
8	岩手県	80.1%	32	愛媛県	72.1%
9	高知県	79.4%	33	京都府	72.0%
10	新潟県	78.9%	34	滋賀県	72.0%
11	青森県	77.6%	35	山口県	71.8%
12	佐賀県	77.3%	36	福岡県	71.5%
13	宮崎県	77.0%	37	栃木県	70.9%
14	熊本県	76.3%	38	宮城県	70.8%
15	大分県	75.4%	39	埼玉県	70.7%
16	長崎県	75.0%	40	愛知県	70.2%
17	沖縄県	74.9%	41	茨城県	70.2%
18	長野県	74.7%	42	北海道	69.2%
19	徳島県	74.3%	43	千葉県	68.9%
20	鹿児島県	74.1%	44	大阪府	68.5%
21	岡山県	74.1%	45	奈良県	68.0%
22	福島県	74.1%	46	兵庫県	67.8%
23	山梨県	73.8%	47	神奈川県	67.6%

資料：総務省「国勢調査」より試算（分母から不詳を除く）

る部分でもある。表3には25~44歳の女性の各県別の就業率を2010年と2015年で並べてみた。さらに、2010年のデータでは、未婚者と有配偶者での就業率の違いも見ることができる(表4)。

まず表3で25~44歳の女性全体の就業率を見てみよう。すると、全国平均では2010年に67・5%であったものが、2015年には72%と働く女性の比率が上がっていることがわかるだろう。この表は就業率の高い県から並べているが、2010年も2015年も就業率の高い県5つを見ると、福井県、山形県、鳥取県、富山県、島根県の5県であり、逆に低いほうも奈良県、神奈川県、大阪府、兵庫県、千葉県と変わらない。

次に表4で25~44歳という同じ年齢層の女性の就業率を、未婚者か有配偶者かの違いで見てみよう。2016年10月時点で手に入る未婚・有配偶別で女性の年齢別就業率がわかるデータは、2010年の国勢調査のデータである。

まず全国平均で見ると未婚女性の就業率は83・3%である。ちなみに全国の就業率を上回っているのは19県である。ただし、最も就業率の高い福井県で86・4%、最も低い青森県でも78・1%であり、トップの県との差は8%強である。また未婚者で就業率が低い県は青森県、沖縄県、徳島県と雇用状況のよくない県が並んでいる。逆に福井県は北陸のなかでも、雇用情勢がいい。

次に有配偶女性の就業率を見てみよう。有配偶女性の就業率は全国平均で57・8%となり、

表4　25歳から44歳の女性の未婚・有配偶者別就業率（2010年）

未婚女性							有配偶女性					
	全国	83.3%	24	埼玉県	82.9%			全国	57.8%	24	沖縄県	60.7%
1	福井県	86.4%	25	長崎県	82.9%		1	島根県	74.7%	25	栃木県	60.4%
2	島根県	86.3%	26	兵庫県	82.7%		2	山形県	74.4%	26	岡山県	60.4%
3	石川県	85.7%	27	山口県	82.6%		3	富山県	73.3%	27	鹿児島県	60.3%
4	東京都	85.5%	28	福岡県	82.5%		4	福井県	73.0%	28	大分県	60.2%
5	滋賀県	85.4%	29	大分県	82.4%		5	鳥取県	71.9%	29	静岡県	60.0%
6	富山県	85.0%	30	香川県	82.4%		6	石川県	71.5%	30	山口県	59.4%
7	鳥取県	84.9%	31	群馬県	82.3%		7	新潟県	71.5%	31	広島県	59.1%
8	愛知県	84.9%	32	岩手県	82.1%		8	高知県	70.9%	32	茨城県	58.5%
9	静岡県	84.8%	33	宮城県	82.0%		9	秋田県	70.9%	33	宮城県	58.3%
10	三重県	84.7%	34	栃木県	81.9%		10	岩手県	68.1%	34	愛媛県	58.2%
11	長野県	84.7%	35	大阪府	81.7%		11	宮崎県	66.6%	35	滋賀県	57.3%
12	岐阜県	84.3%	36	岡山県	81.6%		12	佐賀県	66.1%	36	和歌山県	56.6%
13	新潟県	84.3%	37	北海道	81.6%		13	青森県	66.0%	37	愛知県	56.5%
14	神奈川県	84.2%	38	高知県	81.5%		14	熊本県	65.9%	38	京都府	56.3%
15	広島県	84.0%	39	秋田県	81.5%		15	徳島県	64.8%	39	福岡県	56.1%
16	山形県	84.0%	40	愛媛県	81.4%		16	福島県	64.7%	40	東京都	55.8%
17	佐賀県	83.6%	41	福島県	81.0%		17	長野県	63.3%	41	北海道	55.1%
18	熊本県	83.5%	42	和歌山県	81.0%		18	香川県	63.3%	42	埼玉県	54.2%
19	千葉県	83.5%	43	茨城県	81.0%		19	山梨県	63.3%	43	千葉県	53.1%
20	鹿児島県	83.2%	44	奈良県	80.2%		20	長崎県	62.4%	44	兵庫県	52.2%
21	宮崎県	83.1%	45	徳島県	79.5%		21	岐阜県	62.0%	45	神奈川県	51.2%
22	京都府	83.0%	46	沖縄県	78.2%		22	群馬県	61.9%	46	大阪府	50.8%
23	山梨県	82.9%	47	青森県	78.1%		23	三重県	61.7%	47	奈良県	49.5%

資料：総務省「国勢調査」より試算（分母から不詳を除く）
（注）未婚者と有配偶者の就業率の比率なので離別・死別は入っていない。

未婚者に比べて25・5%も下がる。ただし、有配偶女性でも就業率の高い県には、全体での就業率が高かった5県が同じように並んでいる。そしてこれらの県の場合、未婚者と有配偶者の就業率の差は福井で13・4%、島根で11・6%、山形で9・6%となっており、全国平均の25・5%の差と比べて、未婚者と有配偶者の就業率の差は約半分程度である。つまり、結婚や出産によって仕事を辞める人が少ない、と考えられる。

また先ほど未婚者の就業率が低い県であった青森県や沖縄県では、有配偶者の就業率が同順で66%と60・7%となっており、結婚によって下がる就業率は、それぞれ12・1%に17・5%と全国平均より少なくなっている。雇用状況がよくなく、雇用所得も低い青森県では、「男性のみの所得に頼らず、共働きを前提に結婚を考え、いま就いている仕事は手放さない」ということが背景にあるのかもしれない。

それでは次に、有配偶者の女性の就業率が低い県を見てみよう。奈良県、大阪府、神奈川県、兵庫県、千葉県と関西、首都圏の郊外のベッドタウンを含む府県が並ぶ。これを未婚者の就業率と比較すると、その落ち込みはどの県も3割以上となっている。未婚女性の就業率が85・5%と高かった東京も、既婚女性の就業率は55・8%になってしまう。

実は、25~44歳の有配偶女性の全国平均の就業率57・8%を下回っているのは、13県に過ぎないのだが、そこに人口規模の大きい首都圏と関西圏の都府県がすべて入っている。それだけ、都会では子育てしながらでは働きにくいともいえるし、専業主婦でいられるだけの所得のある男性がいる場所であるともいえる。

このように有配偶女性の就業率は地域によって大きく違う。未婚女性の場合は最も高い県と低い県の差は８％強に過ぎないが、有配偶の場合、トップの島根県と最下位の奈良県との差は25・２％にもなる。未婚者である場合は、就業率だけ取り上げれば、どこに住んで働いているかは大きな差ではないが、結婚した場合には居住地によって大きな差があることがわかる。

5. 各県の意識の差

女性が結婚や出産をしても働き続けるかどうかは、長い通勤時間や保育園不足などの働き続けることを阻む障害だけでなく、女性の意識の差もあるかもしれない。

そこで、各都道府県別に内閣府が２０１５年に公表した「地域における女性の活躍に関する意識調査」のデータを図2にまとめてみた。これは、「自分の家庭の理想は、『夫が外で働き、妻が家を守る』ことだ」という質問に対して「そう思う」「ややそう思う」「あまりそう思わない」「そう思わない」という女性回答者の分布を見たものである。女性の回答者は各都道府県約２５０人で、20、30、40、50、60代の年齢別に割り振ってある。

このグラフから言えることは、「自分の家庭の理想は、『夫が外で働き、妻が家を守る』ことだ」と思わない人が多い地域では、多くの女性が働き、「自分の家庭の理想は、『夫が外で働き、

図2　「自分の家庭の理想は、『夫が外で働き、妻が家を守る』ことだ」という質問に対する回答の都道府県比較（一部抜粋）（女性）

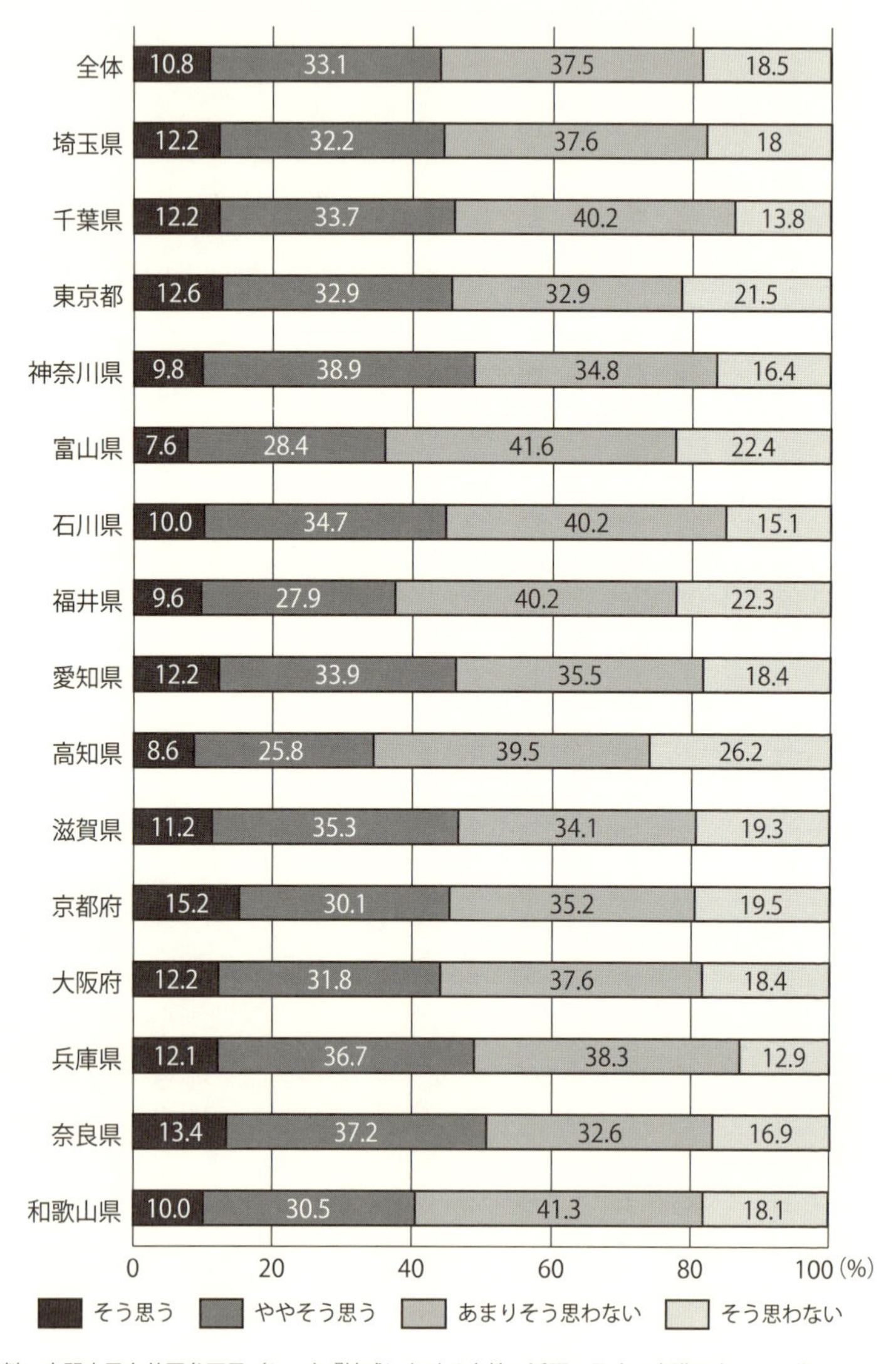

資料：内閣府男女共同参画局（2015）『地球における女性の活躍に関する意識調査』より集計

妻が家を守る』ことだ」という考え方の強い地域では、女性が働いていないということである。そして関西でも奈良県ではそういった意識を持つ女性の比率が高い。

なぜ女性がそういう意識を持つようになったのだろうか。周りからそう教えられたのか、そういう考え方の人しか周りにいないのだろうか。

実はこの調査は同じ質問に対して、女性から見た「夫の考え」や「職場で影響力のある上司の考え」「最も影響を受けた親の考え」などへの評価も聞いている。ここでも奈良県は、「自分の家庭の理想は、『夫が外で働き、妻が家を守る』ことだ」という考え方を支持する夫や職場の上司、親の比率が、全国で最も高くなっているのだ。

図3は同調査の質問「自分の家庭の理想は、『夫が外で働き、妻が家を守る』ことだ」を肯定した者の割合（男女計）と、15～64歳女性の就業率の関係を都道府県別に見たものである。性別役割分担意識の強い都道府県ほど、女性の就業率が低くなっていることがわかる。「自分の家庭の理想は、『夫が外で働き、妻が家を守る』ことだ」と考える女性は、結婚したら働かず、そうでない地域では結婚しても働き続けているのだから、それぞれ自分たちの理想を実現していて問題はないという考え方もあるだろう。

ところが奈良の女性にじっくり話を聞くと、ちょっと違った声が聞こえてくる。

とにかく奈良県内には企業が少なく、働くところが少ない。基本的に奈良は、大阪に勤める人のベットタウンという位置づけなのだ。さらに「最低賃金も大阪は858円なのに奈良は7

図3　性別の役割分担意識と15～64歳女性の就業率との関係

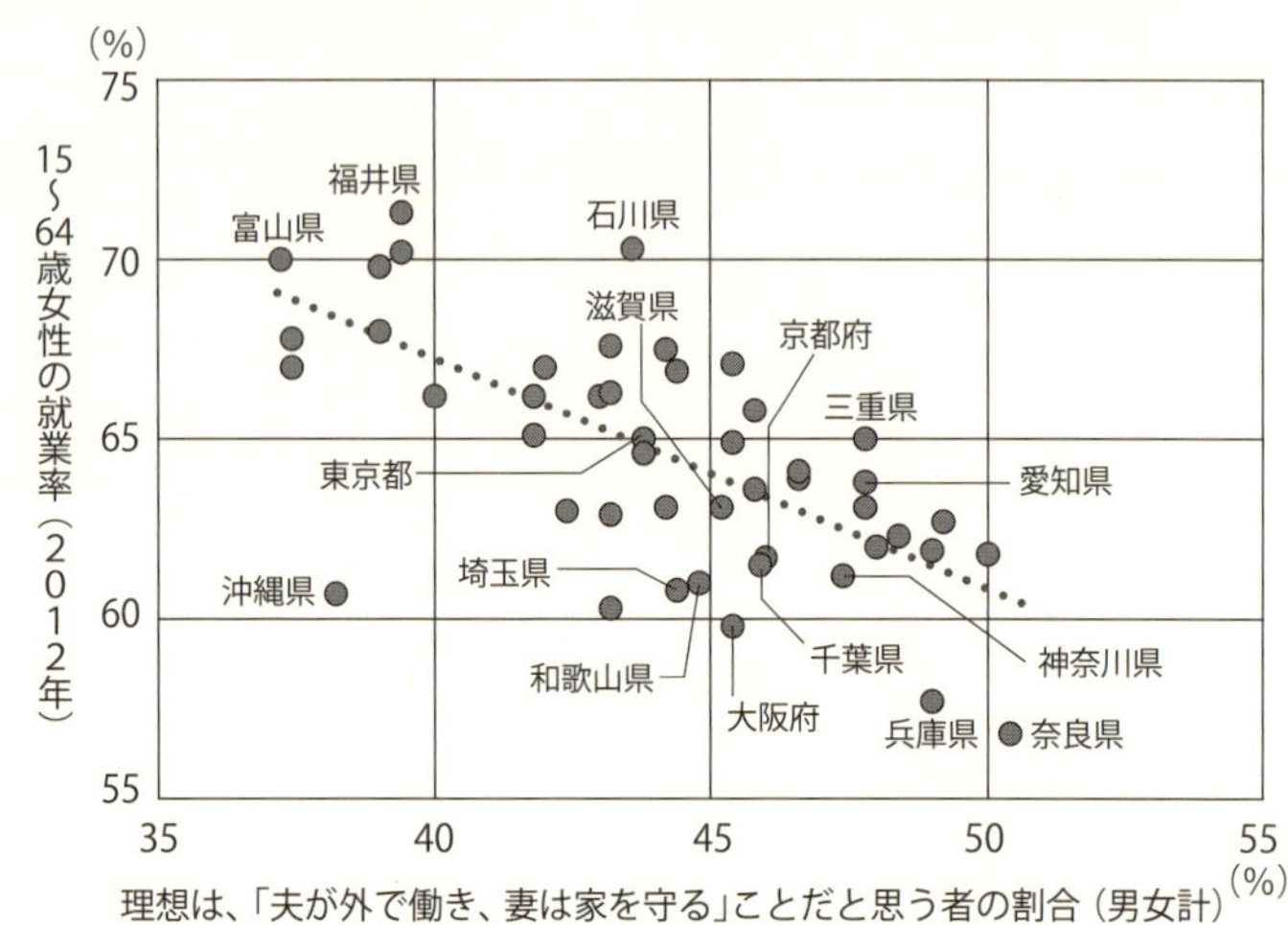

資料：内閣府「平成27年版男女共同参画白書」より　（注）内閣府『地域における女性の活躍に関する意識調査』（2015年）と総務省「平成24年就業構造基本調査」（2012年）により作成。

40円。時給が低く、働き甲斐がない（2015年の最低賃金）」「仕事のある大阪などに通うには時間がかかりすぎで、家庭と両立できない」「それなら、なんとかやりくりして専業主婦のままでいいや、となってしまう」という。

つまり、仕事をする気はあったのに、きちんとした収入に結びつく良い仕事がないため、就業意欲を失ってしまった、というわけだ。

実際、奈良県は女性の就業率を問題にする以前に、企業を誘致し、雇用の場を確保しなければならないと考えている。だが、奈良に大工場を持つ家電メーカーが、台湾企業に買収されてしまい、既存の職場がどうなるのかも不透明な状況になっているのが現実である。

6. 生涯未婚率と女性の就業率

それでは次に各都道府県の女性の生涯未婚率と女性の就業率の関係を見てみよう。

図4は、縦軸に2010年時点の各都道府県の15歳以上人口の女性の就業率、横軸に同時点の女性の生涯未婚率をとってみた。因果関係は不明であるが、就業率の高い地域ほど生涯未婚率が低くなっている。

結婚問題に詳しい山田（2007, 2013）は、若者の所得が減少し、「男性＝仕事、女性＝家事で豊かな生活をめざす」のはもはや無理であり、「男性のみが家族の収入の責任を持つべき」という考え方を変えないと、結婚が難しい状況が続くと述べている。

専業主婦になりたい女性は、当然、それだけの収入を夫に求めるが、それだけの収入を得ている独身男性は本当に少ない。さらに女性の非正規化が進展し、女性の経済力が低下しているなかで、女性は男性に経済力をますます求めるようになっている。だが近年、若年男性の経済力も低下してきている。

山田は明治安田生活福祉研究所が2010年に実施した「結婚に関する調査」を取り上げ、未婚女性が男性に望む年収と、実際の独身男性の年収には大きなかい離があることを紹介して

図4　都道府県別女性の就業率と生涯未婚率（2010年）

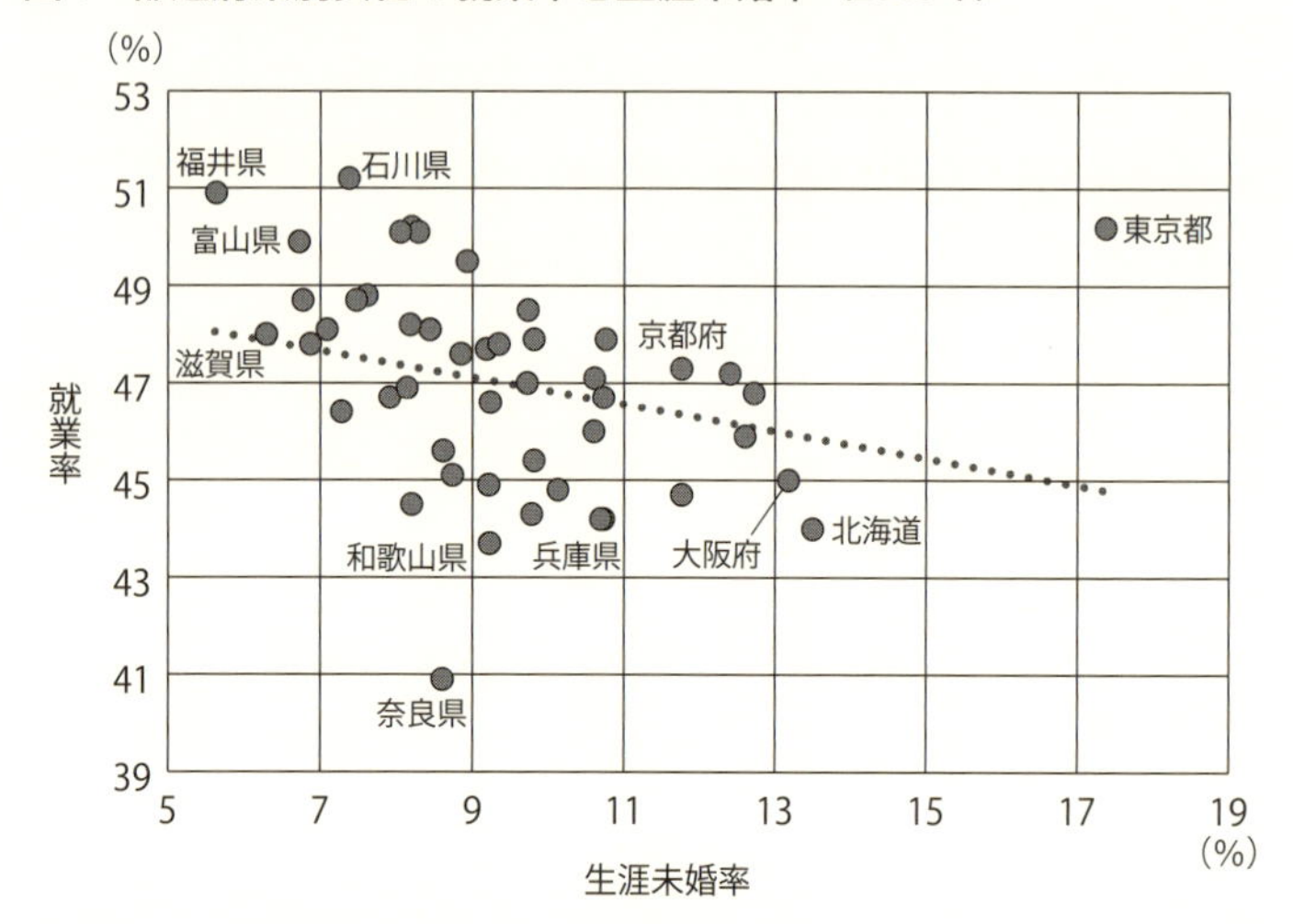

資料：総務省「国勢調査」の就業率と生涯未婚率より作成

いる。未婚女性が結婚相手に望む年収を見ると、約3・5割が年収400万円以上、2割強が600万円以上、800万円以上（それ以上もすべて合わせて）が約1割強いる。だが、未婚男性の実際の年収を見ると、200万円未満が4割弱、200万円から400万円未満が4割弱、400万円以上だと約2・5割しかいないという。

　つまり、男女ともに「自分の家庭の理想は、『夫が外で働き、妻が家を守る』ことだ」という考え方に固執して男性に高い年収を期待するほど、そういった男性は少ないので結婚は難しくなるということだ。夫婦二人で働いて家計を支える、という考え方が定着しているところほど、結婚への経済的な障害は小さくなるかもしれない。

ちなみに2010年時点の女性の生涯未婚率を見たところ（図4参照）、全国では10・61％であるが、最も低いのが福井県の5・64％、次いで滋賀県6・29％、富山県6・72％などが並び、最も生涯未婚率が高いのは、東京都17・37％、北海道13・5％、大阪府13・18％となっている。ちなみに最も女性が働いていない奈良県の生涯未婚率は8・61％である。（「国勢調査」の抽出速報集計で見ると、2015年の女性の生涯未婚率は全国で13・2％となっている）

7．正規雇用比率と女性の就業率

働く女性は確かに増えているが、働く女性の非正規化も進んでいる。内閣府が各県の女性の正規雇用者割合と女性の就業率の関係を調べている。

図5は15～64歳の女性就業者に占める正規雇用の割合と就業率の関係を見たもの、図6は未就学児の育児をしてる25～44歳の女性の正規雇用割合と就業率の関係を見たものである。女性の正規雇用者比率が高いほど、女性の就業率が高くなっていることがわかるだろう。

正規雇用であれば仕事を続けるメリットは大きいし、出産し、育児休業を取得して仕事を続ける場合も、制度利用の権利が保障されている正規職の方が有利だ。保育園に子どもを預けるのも、フルタイムの正規雇用の方が有利である。

図5　15～64歳の女性就業者に占める正規雇用割合と就業率の関係（2012年）

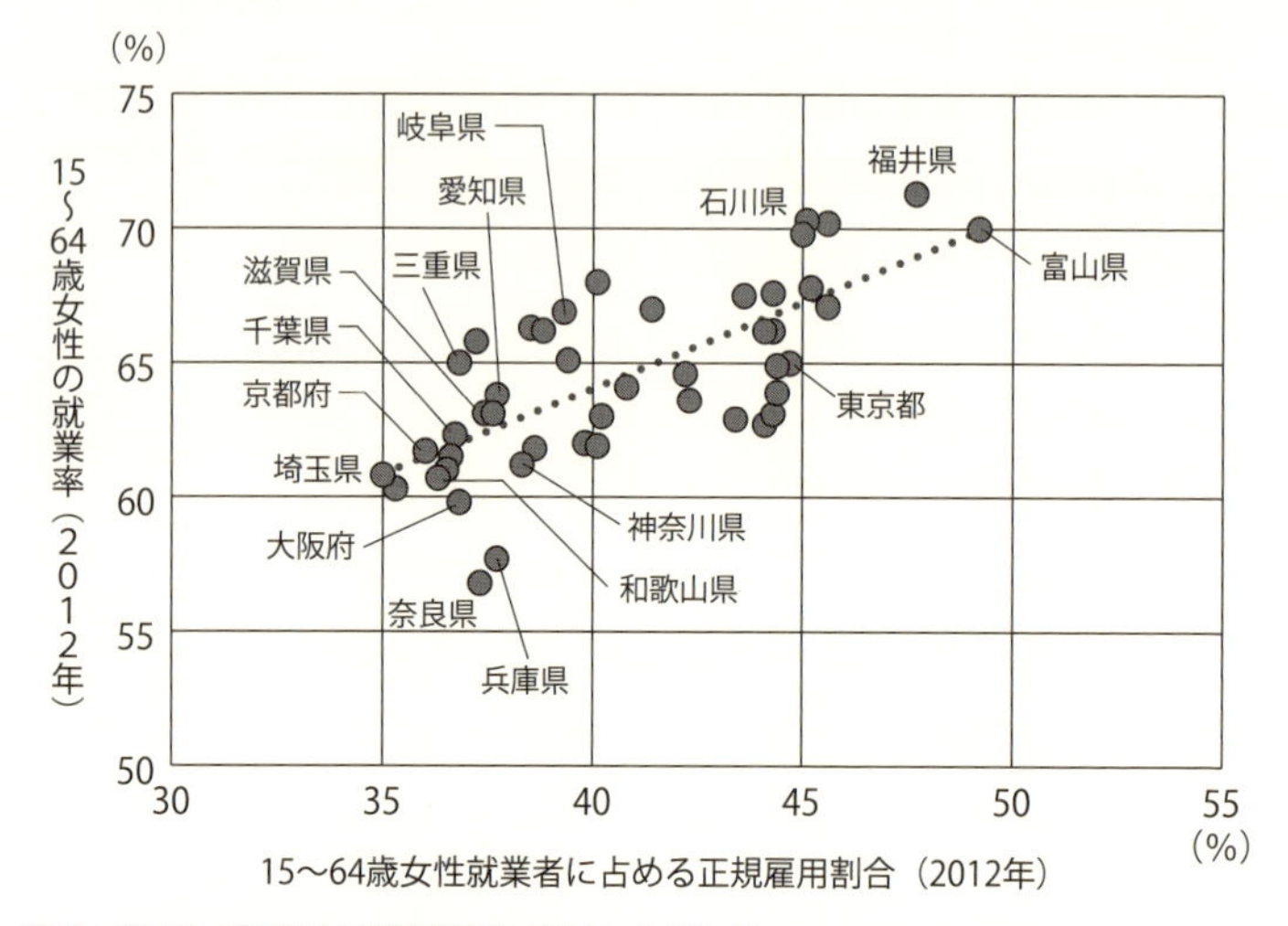

資料：総務省「平成24年就業構造基本調査」より作成

図6　未就学児の育児をしている25～44歳の女性の正規雇用割合と就業率の関係（2012年）

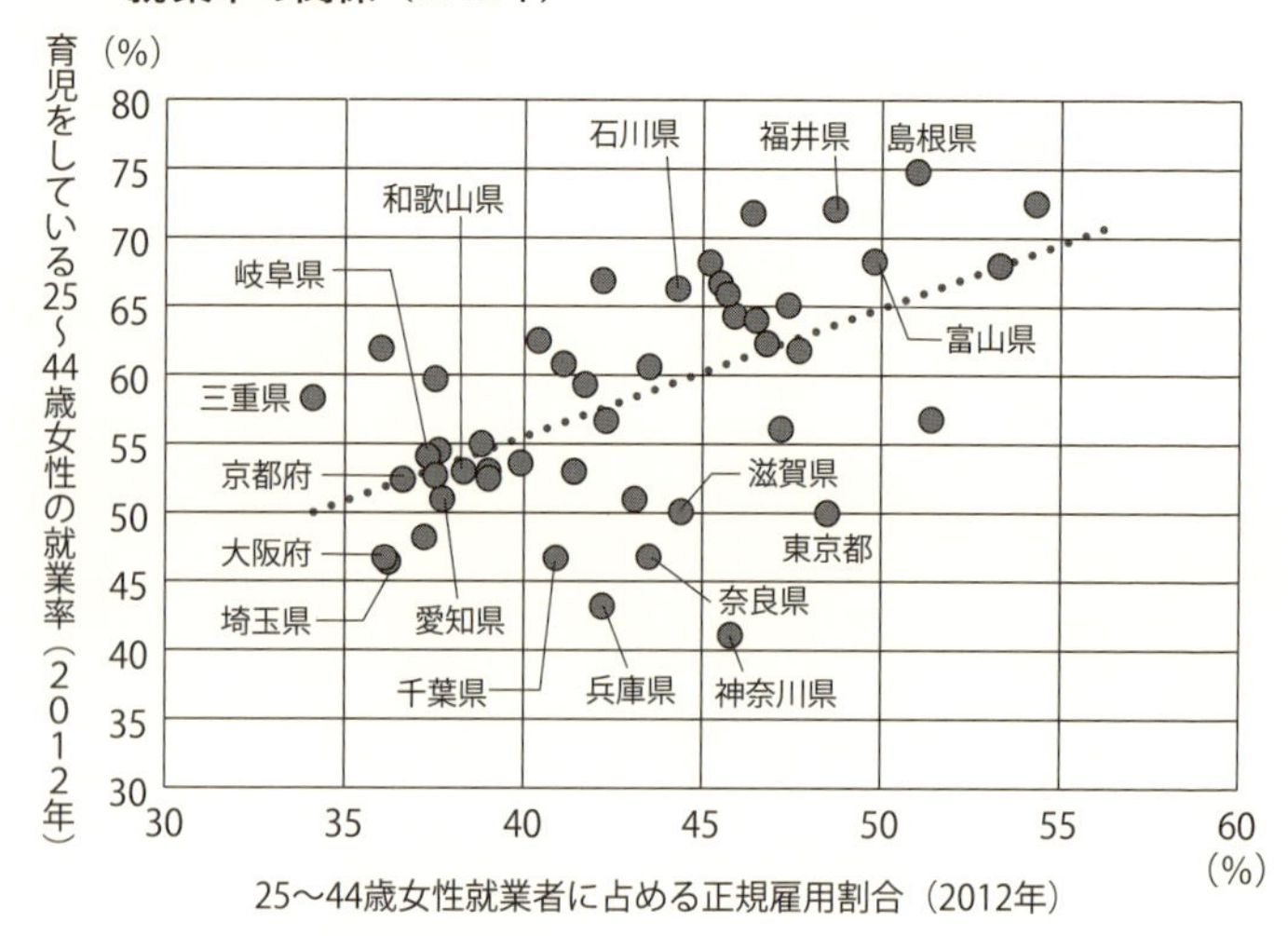

資料：総務省「平成24年就業構造基本調査」より作成

図7　関西の女性雇用者に占める正規・非正規雇用者の割合

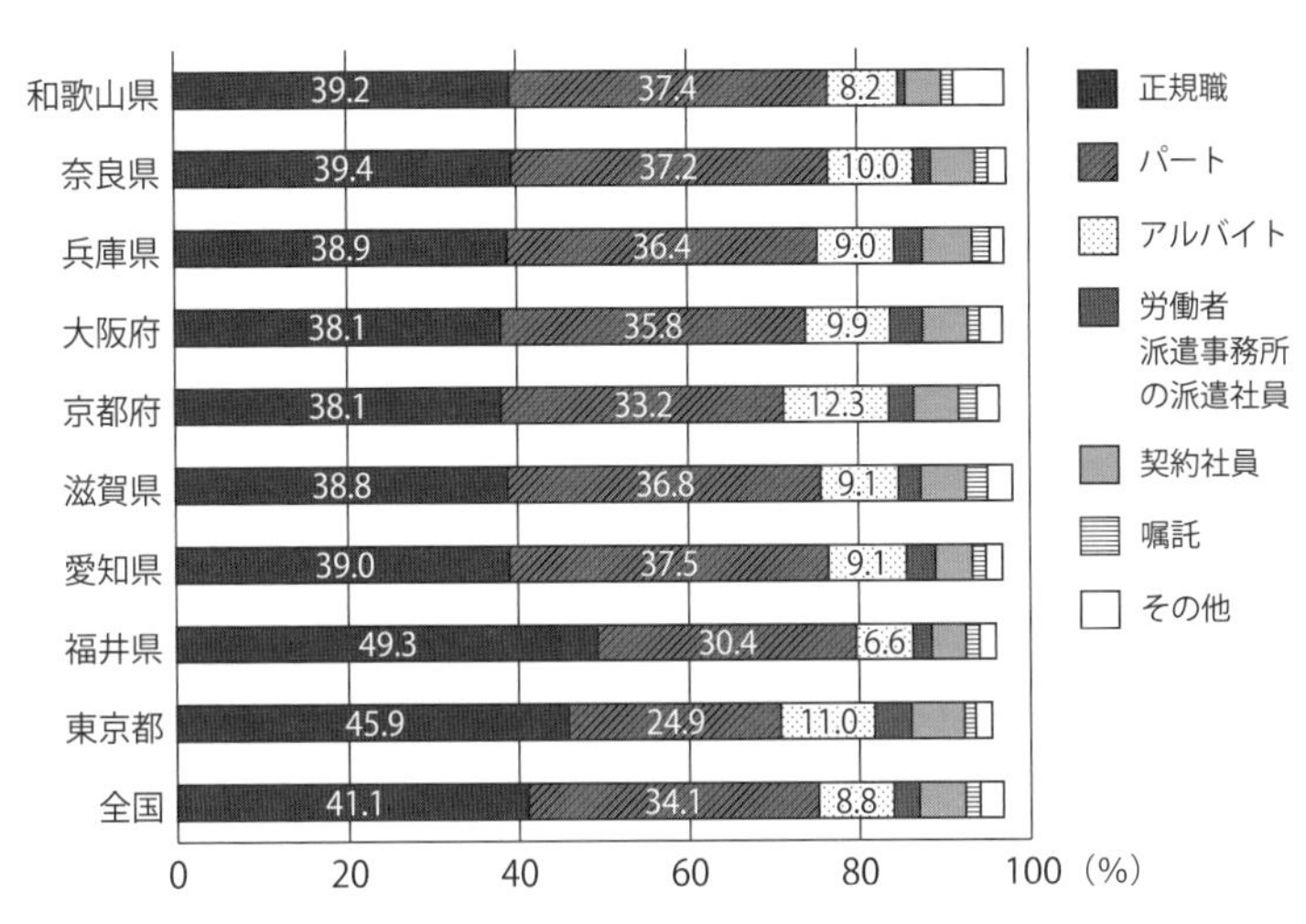

資料：総務省（2012年）「平成24年就業構造基本調査」より作成
（注）15歳以上の雇用者に占める割合である。

小さな子どもを持つお母さんたちの再就職状況については、5章で詳しく紹介するが、家事や育児に無理のない範囲で週に2～3日程度の働き方では、保育園に子どもを入れるのは難しい。かといって週に5日働きたくとも、関西には正規雇用の職は少なく、パートばかり。安い時給ではそんなしんどいことはできないという。また、週5日勤務では103万円の扶養の壁を越えてしまい、かえって手取りが減るという女性もおり、まさに板挟みなのだ。

図7には関西の府県と比較するために愛知県、福井県、東京都、全国の雇用されている女性の正規・非正規などの雇用形態別にデータをまと

めてみた。そうすると福井県や東京都では女性の正規雇用比率が高く、関西では全国平均を下回っていることがわかる。最近は雇用状況がよくなったといっても、関西の求人の多くは非正規雇用である。そのことは女性には安く使われる不安定な雇用しかないともいえるし、そもそもそうした状況が女性に働き続ける意欲を失わせる原因になっているのかもしれない。

一方で、「無理のない範囲のパートで」という人がいることも確かだ。先述のように「103万円の扶養の壁」以内で働きたいという女性も一定数いる。2016年10月にできた新たな「106万円の壁」に対しても、既婚女性の多くが、その壁にかからないように就労時間を短くしたという報道も多くなされている。女性のなかでも、就業に対する意識は分かれているのだ。さらに、「配偶者控除を受ける妻の年収上限額を150万円にする」ことが決まったが、年収が130万円以上になると社会保険料を納める必要がある「130万円の壁」は残っている。現役世代が減り、税収確保が課題になるなかで、それは持続可能な制度なのだろうか。

2004年から2014年の10年の変化を内閣府（2015a）の集計から見ると、女性の正規雇用者が増えているのは実際には東京圏だけである。つまり、女性の就業を考える場合、とくに関西では、非正規の求人が多数を占め、正規の職に就きたくても就けないという現状を無視することはできないのである。

第2章
未婚無業の女性

やっとアラフォー女性の貧困が社会問題化してきたが、いまだに「女性は結婚すればいい」という社会通念から、無業や非正規の女性に対しての就業支援は男性ほど積極的に行われていない。その結果が「貧困女子」を生みだしている。

先述したように、横浜市役所の窓口で、そして阪神間の山の手のお屋敷街で、いわゆる「花嫁修業・家事手伝い」のまま40代になってしまった女性たちを私は何人も見てきた。大学では、女性だからと就職活動に積極的に取り組まない女子学生や、娘を自立させる必要はないと考える親にも会ってきた。だからこそ、彼女たちの行く末を考えるにつけ、このまま放置していてはいけない、という思いを強くしている。そこでこの章では、未婚率が上昇するなかで、はたして無業の未婚女性は本当に増えているのか、実際のところどうなのかについて、国勢調査や労働力調査などのデータをもとに、現状を探ってみる。

1．若年無業者とは？

若年無業者という言葉をご存じだろうか。15から34歳の非労働力人口（働いておらず、求職活動もしていない人）のうち、さらに家事も通学もしていない人のことを指す。内閣府が「労働力調査」から試算した人数を見ると、２０１０年は約58万人、２０１５年は約56万人いる（図1参照。図1には若年無業者の定義には入らないが、参考値として35～39歳の無業者の人数

図1　若年無業者の推移

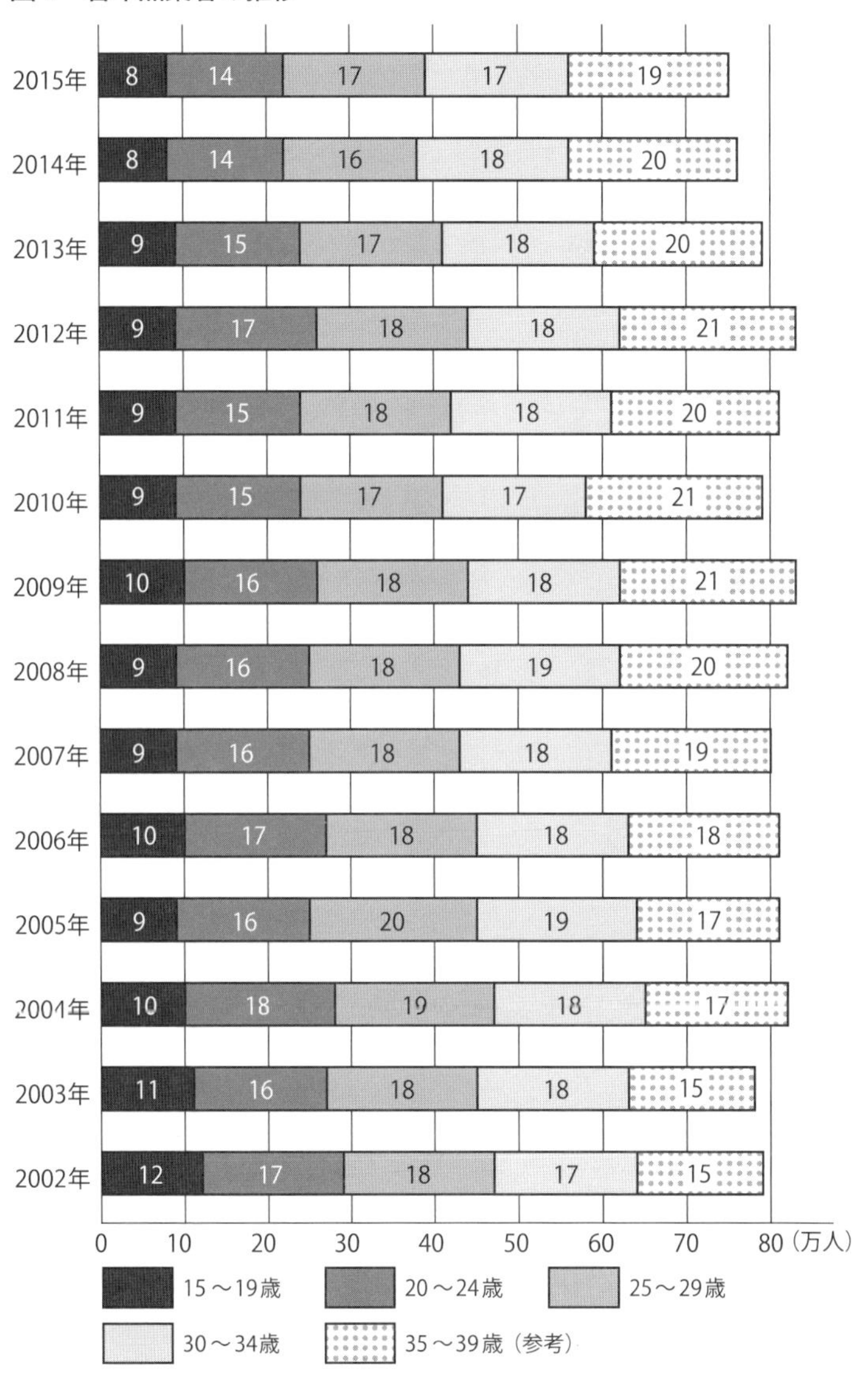

資料：内閣府「子ども・若者白書」より（数値は総務省「労働力調査」から算出）
（注）参考値として35歳から39歳の数値も表記。

も掲載している)。

実はこの若年無業者が増えだしたのはバブルが崩壊した少しあと、1990年代半ば以降である。1991年にバブルが崩壊したあと、すぐに若者の雇用状況が悪化したわけではなく、1993年くらいから少しずつ悪くなっていった。1995年には大卒者の15・6%が進路未定か、アルバイトやパートといった一時的な仕事に就くという事態になり、その数はさらに増え続け、1999年にはついに20%を超えた。20%を超える状態は、その後2005年まで続き、とくに2003年には27・1%という最悪の数字となった。つまり、大学卒業生の4人に1人は進路未定、もしくはアルバイトで卒業していったのだ。彼らがその後、就職できたかどうかはわからないが、2003年に大学を卒業した者は、現在(2016年時点)ちょうど35歳。すでに若年者という範疇からもはみだしてしまっている。

2006年になると、大学卒業生に占める進路未定、アルバイトの割合は17・7%と減少しはじめ、2015年3月の卒業生に占めるその割合は12・4%となった。しかし、それでもいまだに約7万人もの学生が進路未定、もしくはアルバイト状態で卒業し、このほか契約社員といった正規雇用でない者も2万人を超えている。2016年にはさらに就職状況は改善しており、進路未定もしくはアルバイトでの卒業は全体の10・5%、6万人弱となり、正規雇用でない者も2万人弱となった。しかし、正規雇用で就職しても、大卒就職者のうちの3割は3年以内に離職しているという事実は無視できない。

高卒者も同じような状況である。進路未定で卒業する者もいるし、就職しても3年以内に5割の者が離職してしまう。

新卒一括採用が主流の日本では、新卒時に無業状態や非正規雇用となった者が、その後、正規雇用者になるのは簡単ではない。2000年代に入ってからはこの問題が認識され、少しずつ若者就労支援も始まっていった。しかし、就職できないのは若者本人の責任だという「自己責任論」が根強く、なかなか強力に政策が進められなかったのも事実だ。

たとえば、卒業後3年目までの既卒者が新卒者と同じように就職活動できるように、厚生労働省が新卒応援ハローワークを開設し、本格的に既卒者の就職支援を始めたのは2010年の秋からだ。つまり、2000年代前半の超就職氷河期に卒業した者たちは、こうした十分な支援が受けられないまま30代後半に入っているのである。

もう一度、図1の若年無業者の数字を見ていただけるだろうか？　2005年時点で25～29歳では20万人の無業者がいるが、5年後の2010年に彼らは30～34歳となっていて、無業者数は17万人に減っている。だが5年後の2015年、彼らが35～39歳になった時点では、無業者数は19万人となり、再び増加している。

残念ながら、いつの時点を見ても30～34歳の無業者数を5年後の人数（35～39歳）と比べると、後者の方が増えている。個々の人は入れ替わりがあるのだろうが、30代後半になると、仕事探しをやめてしまう人が増えるということがわかる。

若年無業者の定義は15～34歳までだが、最近の若者就労支援の窓口は39歳までを対象とし、なんとか30代のうちに正規雇用で就職できるよう支援を行っている。しかし、30代後半まで無職だったり、非正規だったりした人が支援を受けたからといって、問題が容易に解決するわけでもなく、無業の問題は40代へ広がっている。

2. 忘れられた若年無業の女性たち

先に述べたように、この若年無業の問題は、長い間、社会的な課題とは思われていなかった。しかし、こうした問題が起こったのは景気の変動で新卒採用数が大きく増減し、若者を使い捨てのように非正規で働かせる会社が横行するなど、雇用構造が大きく変化したことが原因である。だからこそ一人ひとりに適切な支援が必要であるという認識が社会に広がったのは、２００８年のリーマンショック後の派遣切り問題が起こってからである。

あのとき日比谷公園に張られたテント群は「年越し派遣村」といわれ、仕事を失うと同時に住居も失った大勢の人たちがニュースに映っていた。だが、映っていたのは男性ばかりだった。本当は女性も派遣先を切られるなど、無業状態になっていたはずなのだが、そもそも女性は危険で野宿などできない。そのため、女性たちの姿はニュースには映らず、さらに、日本に根強い「男は働くのが普通」「女性は結婚すれば問題は解決する」という考え方もあり、若年無業は

表1　若年無業者の男女内訳

	2010年			2015年		
	計	男性	女性	計	男性	女性
15～19歳	9	6	3	8	5	3
20～24歳	15	10	5	14	8	5
25～29歳	17	11	6	17	11	6
30～34歳	17	11	6	17	11	6
35～39歳	21	13	8	19	13	6
40～44歳	18	12	6	25	16	9
総計	97	63	34	100	64	35

（単位：万人）

資料：総務省「労働力調査」より筆者試算
（参考値として35歳～39歳、40歳～44歳を記載）

ずっと男性の問題としてとらえられてきたのである。

それでは若年無業の女性はどの程度いるのだろうか？　男女の内訳を表1にまとめてみた。表1には参考までに40～44歳の人数も掲載している。

総務省の「労働力調査」のなかで、非労働力人口（仕事も求職活動もしていない）のうち、「家事」ではなく「その他」を選んだ人が若年無業者とカウントされる。つまり、若年無業者の定義から「家事」をしている者は除かれるのである。女性は未婚でも「その他」より「家事」を選んでいる人が多く、その分は若年無業者には含まれないため、女性の人数が少なくなっていると思われる。

とはいえ、表1に見るように15～44歳の無業女性は、2010年に34万人、2015年には

35万人いることがわかる。これは働いておらず、求職活動もせず、家事もしていない女性の人数である。各年代とも、ほぼ男性の半分程度の人数がいるが、若者サポートステーションなど若者向けの就労支援の窓口で登録した人は2015年に約2万7000人。うち6割強が男性であり、女性はこうした支援からもこぼれている可能性が高い。

また女性の場合、未婚で「家事」を選んでいる人のなかには、家族の介護や「家事」を本当に担っているため外に働きに行けない人がいる一方で、家事を担う義務はなく、何かをしているわけではないが、便宜上「家事」を選んでいる人も一定数いると考えられる。これは、未婚女性が仕事をせず家にいることは「家事手伝い」だと、自動的に考える人がまだ多いこともその背景にある。

長年、就労支援の現場で働いてきた白水（2015）は、女性無業者に対しては、親も「無理をしなくていい」「家事をやってくれればいい」と、自立させようという家族の力も働かず、本人もそれに甘んじて「家事手伝い」を選んでしまうという。

3. 未婚の「家事」と「その他」の女性の人数と比率

次に国勢調査で、未婚女性の状況をもう少し詳しく見てみよう。本書の主題は大卒無業女性であるが、まず未婚で無業の女性が全国で年齢別に何人ぐらいいるのかを把握したいと思う。

表2-1　未婚女性の労働力・非労働力人口と労働力状態不詳の人数と比率（2010年）

	総数（労働力状態）	労働力人口	非労働力人口				不詳
				家事	通学	その他	
総数	13,090,455	7,926,016	4,395,706	778,874	3,031,811	585,021	768,733
	100%	60.5%	33.6%	5.9%	23.2%	4.5%	5.9%
15〜19歳	2,921,464	434,255	2,407,264	26,315	2,359,544	21,405	79,945
	100%	14.9%	82.4%	0.9%	80.8%	0.7%	2.7%
20〜24歳	2,776,114	1,930,059	709,953	71,942	613,178	24,833	136,102
	100%	69.5%	25.6%	2.6%	22.1%	0.9%	4.9%
25〜29歳	2,121,465	1,830,463	140,932	78,559	38,501	23,872	150,070
	100%	86.3%	6.6%	3.7%	1.8%	1.1%	7.1%
30〜34歳	1,396,332	1,192,810	103,768	67,775	10,986	25,007	99,754
	100%	85.4%	7.4%	4.9%	0.8%	1.8%	7.1%
35〜39歳	1,097,468	915,933	101,370	67,300	4,741	29,329	80,165
	100%	83.5%	9.2%	6.1%	0.4%	2.7%	7.3%
40〜44歳	741,256	598,406	83,814	55,708	2,071	26,035	59,036
	100%	80.7%	11.3%	7.5%	0.3%	3.5%	8.0%
45〜49歳	495,123	383,930	71,016	46,597	1,031	23,388	40,177
	100%	77.5%	14.3%	9.4%	0.2%	4.7%	8.1%
50〜54歳	328,540	239,458	64,413	41,801	458	22,154	24,669
	100%	72.9%	19.6%	12.7%	0.1%	6.7%	7.5%
55〜59歳	281,533	179,712	80,476	50,312	263	29,901	21,345
	100%	63.8%	28.6%	17.9%	0.1%	10.6%	7.6%
60〜64歳	278,741	128,184	129,997	79,604	279	50,114	20,560
	100%	46.0%	46.6%	28.6%	0.1%	18.0%	7.4%
65歳以上	652,419	92,806	502,703	192,961	759	308,983	56,910
	100%	14.2%	77.7%	29.8%	0.1%	47.8%	8.1%

（資料）総務省「平成22年国勢調査」人数は総数（日本人以外も含む）　（単位：人）

表2-2　未婚女性の労働力・非労働力人口と労働力状態不詳の人数と比率（2015年）

	総数（労働力状態）	労働力人口	非労働力人口	家事	通学	その他	不詳
総数	12,728,300	7,460,500	4,427,100	715,700	2,921,200	790,200	840,700
	100%	58.6%	34.8%	5.6%	23.0%	6.2%	6.6%
15～19歳	2,858,300	377,500	2,305,600	17,600	2,253,300	34,700	175,100
	100%	13.2%	80.7%	0.6%	78.8%	1.2%	6.1%
20～24歳	2,632,300	1,739,100	706,400	61,600	611,300	33,500	186,800
	100%	66.1%	26.8%	2.3%	23.2%	1.3%	7.1%
25～29歳	1,835,000	1,564,700	141,200	72,000	38,300	30,900	129,100
	100%	85.3%	7.7%	3.9%	2.1%	1.7%	7.0%
30～34歳	1,162,800	980,500	101,600	56,800	9,700	35,100	80,700
	100%	84.3%	8.7%	4.9%	0.8%	3.0%	6.9%
35～39歳	928,700	770,700	98,000	59,100	4,400	34,600	60,000
	100%	83.0%	10.6%	6.4%	0.5%	3.7%	6.5%
40～44歳	898,000	728,800	112,500	64,400	1,800	46,300	56,700
	100%	81.2%	12.5%	7.2%	0.2%	5.2%	6.3%
45～49歳	644,100	511,200	90,300	51,000	1,300	38,000	42,600
	100%	79.4%	14.0%	7.9%	0.2%	5.9%	6.6%
50～54歳	441,700	334,600	76,800	46,500	400	29,900	30,200
	100%	75.8%	17.4%	10.5%	0.1%	6.8%	6.8%
55～59歳	290,900	200,000	73,100	42,300	100	30,700	17,900
	100%	68.8%	25.1%	14.5%	0.0%	10.6%	6.2%
60～64歳	254,200	127,100	114,200	62,000	200	52,100	12,900
	100%	50.0%	44.9%	24.4%	0.1%	20.5%	5.1%
65歳以上	782,400	126,300	607,300	182,600	400	424,400	48,700
	100%	16.1%	77.6%	23.3%	0.1%	54.2%	6.2%

（単位：人）

（資料）総務省「平成27年国勢調査」抽出速報集計であり、総数（日本人以外も含む）
（注）本書作成時に入手可能な抽出速報集計では総計の集計しかない。そこで2010年と2015年を比較するため「総数」を取り上げて比較している。また2015年は100人単位で数値を試算しているため、労働力人口＋非労働力人口＋労働力状態不詳の人数が必ずしも総数とは一致していない年代層もある。

表２－１と表２－２は２０１０年と２０１５年の国勢調査から未婚女性の数字を抜きだしたものだ。２０１０年には未婚女性の総数は約１３０９万人で、そのうち非労働力人口、つまり「働かず、職探しもしていない人」が約４４０万人いる。２０１５年にはそれぞれ約１２７３万人、約４４３万人となっている。非労働力人口以外は、「働いているか、職探しをしている人」、つまり労働力人口ということになる。右端の不詳とは、働いているのか働いていないのか、労働力状態がわからない人のことである。したがって、表２－１、表２－２で取り上げた未婚女性は、大きく労働力人口と非労働力人口、そして労働力状態不詳の３つに分けられる。

さらに非労働力人口は、「家事」「通学」「その他」に分けられ、この「その他」がいわゆる無業者（働いていないし、仕事にすぐ就くための仕事探しもしていない）に当たる。もちろん、このなかにはボランティアやなんらかの社会的活動をしている人も入っていると思うが、収入に結びつく仕事をしていない、無業者ということになる。

表にはそれぞれの人数だけでなく、全体に占める比率も計算した。（実は最近、国勢調査では「不詳」という数が増えている。そこで、国から発表される様々な比率は、分母から不詳の数を引いて計算されている。だが表２では、不詳である女性の比率も見たいため、分母に不詳の数を入れたまま比率を計算してある）

２０１０年と２０１５年を比較すると40〜44歳、45〜49歳の未婚女性の人数が増えていることがわかる。これはこの年代の未婚率が上がっていることと、２０１０年に30代後半だった人口の多い団塊ジュニア世代が5年経って、40代前半になったことが要因である。

　また、非労働力人口は２０１０年の約４４０万人、２０１５年には約４４３万人になっているが、その内訳を見ると、家事と通学の人数が減っている一方で、約20万人増えているのが「その他」である（そのうちの約12万人増は65歳以上人口が占めている）。

「その他」の15歳から59歳までの年代を見ると、２０１０年に25～29歳だった未婚女性の「その他」は２・４万人（全体の１・１％）、5年後の２０１５年には彼女たちは30～34歳で、未婚女性の総人数は減っているにもかかわらず（結婚によって未婚女性から抜けているから）、「その他」は逆に３・５万人（全体の３・０％）に増えている。つまり、年を5歳重ねて、結婚せずに無業状態になった女性が増えたことになる。

　同じ年代同士で２０１０年と２０１５年を比較すると、比率でみても「その他」が、どの年代でも上がっていることがわかるだろう。20～24歳が０・９％から１・３％に、25～29歳が１・１％から１・７％に、30～34歳が１・８％から３％となっている。

　２０１５年のデータを見ると、35～39歳の未婚女性の１割強が働いていない。この年代の未婚女性は、15人に１人は「家事」、27人に１人は「その他」で無業者、つまり働いていないだけでなく、特別にしていることは無い人ということになる。

　ここ数年は政府も女性の就労支援への取り組みを強めているはずなのだが、未婚女性を見る限り、どの年代でも無業状態の人は、むしろ増えているようである。（２０１５年のデータはあ

くまでも抽出調査の速報値で確定値ではないが、「その他」が増えている傾向が確定値で大きく変わるとは考えられない）

4．関西の未婚無業女性（25～44歳に注目して）

それでは、関西の状況はどうなっているだろうか。1章で見たように、関西は女性の就業率が低い地域である。それを踏まえて、未婚無業女性の状況を見てみよう。

国勢調査を元に、政府が「一億総活躍」で焦点を当てている25～44歳の未婚女性のデータを、各県別に表3にまとめてみた。全国のデータのみ、2010年と2015年の両方を入れた。さらに比較する際の参考になるように、東京都、福井県、愛知県も入れたが、現時点で県別のデータが入手できるのは、2010年のものだけである。

まず全国レベルでの25～44歳の未婚女性（総数）の2010年から2015年の変化を見ると、「家事」が約27万人から25万人に減る一方で、「その他」が約10万人から15万人弱に増えている。比率で見ると2010年に全体の1・9％であった未婚無業女性（表3では「その他」に該当する）が5年後の2015年には、3％に増加している。

たった3％ともいえるが、全国では15万人近くの25～44歳の未婚女性が、仕事のないまま生活していることがわかる。つまり、非労働力人口約45万人のうち3人に1人は家事をしている

表3　都府県別・25歳～44歳の未婚女性の非労働力人口数と それが未婚女性の総数に占める割合

	25～44歳の未婚女性総数	非労働力人口数				労働力状態不詳
			家事	通学	その他	
全国 2015年（総数）	4,824,500	453,300	252,300	54,200	146,900	326,500
	100%	9.4%	5.2%	1.1%	3.0%	6.8%
全国 2010年（総数）	5,356,521	429,884	269,342	56,299	104,243	389,025
	100%	8.0%	5.0%	1.1%	1.9%	7.3%
全国 2010年（日本人）	5,216,439	416,257	265,822	47,530	102,905	328,275
	100%	8.0%	5.1%	0.9%	2.0%	6.3%
東京	743,967	45,524	26,491	8,826	10,207	113,109
	100%	6.1%	3.6%	1.2%	1.4%	15.2%
福井	24,360	1,664	1,091	135	438	436
	100%	6.8%	4.5%	0.6%	1.8%	1.8%
愛知	275,190	20,963	13,652	2,262	5,049	10,369
	100%	7.6%	5.0%	0.8%	1.8%	3.8%
滋賀	49,825	3,707	2,424	438	845	1,460
	100%	7.4%	4.9%	0.9%	1.7%	2.9%
京都	118,433	9,924	5,953	1,822	2,149	5,967
	100%	8.4%	5.0%	1.5%	1.8%	5.0%
大阪	411,927	33,645	22,054	3,812	7,779	35,598
	100%	8.2%	5.4%	0.9%	1.9%	8.6%
兵庫	232,201	19,839	13,077	2,099	4,663	12,032
	100%	8.5%	5.6%	0.9%	2.0%	5.2%
奈良	58,337	6,069	4,071	706	1,292	2,396
	100%	10.4%	7.0%	1.2%	2.2%	4.1%
和歌山	34,593	3,613	2,438	223	952	772
	100%	10.4%	7.0%	0.6%	2.8%	2.2%

（単位：人）

（資料）総務省「国勢調査」より筆者作成
ただし、全国データのみ2015年と2010年を掲載。県別データは2010年のみ。
2015年データは総数であるが、2010年の都府県別データは日本人のみの数値となっている。

わけでも、通学をしているわけでもない、無業状態にいるのである。

次に県別データを見てみよう。県別データは2010年のもので、日本人のみを集計している。まず目を引くのが東京都の「不詳」の比率の高さである。未婚とわかっている女性だけ取り上げても、15％強の女性が働いているかどうかもわからない。国勢調査では、未婚・有配偶・死別・離別の区別と労働状況などについて聞いている。実は東京都では該当年齢で配偶関係がわからない女性が5％強（約10万人強）おり、その人たちの6割近くは労働状態も「不詳」である。

全国と少し違った数値を見せているのが奈良県と和歌山県であり、非労働力人口が10％を超え、とくに「家事」が共に7％と全国平均から見ても2％高い。実はこの2つの県は、未婚女性の年齢が上がるにつれ、急速に非労働力人口の比率が増え、なかでも家事手伝いが増えていく。奈良は保守的な考え方が強く、未婚のまま年齢が高くなるまで勤め続けることを、「体裁が悪い」ととらえ、本人や家族の考えから自主的に退職し、「家事手伝い」として家で過ごしているのではないかと推測される。

5．無業女性と就業希望

それでは、無業の女性は就職したいと考えているのだろうか？　実は、2012年に実施された平成24年「就業構造基本調査」からそれがわかる。

この調査では大きく就業者と無業者に分け、仕事をしていない無業者に就業希望や求職活動をしているかどうかも聞いている。つまり、「就業構造基本調査」の無業者には、内閣府が定義する若年無業者とは違い、求職活動をしている人も入っている。

そこで表4に、「就業構造基本調査」から25~29歳の未婚女性の各県の就業者と無業者、そして無業者が何をしているかと共に、就業希望の有無や、実際に求職活動をしているかどうかをまとめた。ちなみ、20~44歳の各年代別の各県データを巻末225ページから掲載したので、参照してほしい。

たとえば、表の大阪の列を見ていただきたい。無業者が2万2900人いる。その人たちの「就業希望の有無」や「求職活動の有無」を見ると、就業希望者は1万5900人、うち求職活動をしているのは1万2000人、働きたいと考えているが仕事探しはしていない人が5700人、そして非就業希望者、つまり働きたくないと考えている人が7000人いることがわかる。

ちなみに、この調査での「求職活動」とはハローワークに行って仕事探しをしているだけではなく、インターネットの求人・求職サイトを見て応募している、直接人に頼んで仕事を探してもらっている、といった行為も幅広く含まれている。

また各県別の比較は、各県それぞれ人口が違うので、比率で見る方が比較しやすい。そこで各県の該当年齢の未婚女性の人数で割って比率を出した。(ただし、大学進学率が上がってい

表4　25～29歳の都府県別未婚女性の就業状態と就業希望の有無などの人数（2012）

未婚女性	25～29歳				
	全国	東京	愛知	福井	大阪
総数	2,164,000	330,900	125,500	11,500	172,600
	100%	100%	100%	100%	100%
就業者	1,878,500	290,900	110,700	10,400	149,700
	86.8%	87.9%	88.2%	90.4%	86.7%
無業者	285,500	40,000	14,900	1,100	22,900
	13.2%	12.1%	11.9%	9.6%	13.3%
家事をしている者	97,000	9,200	3,500	400	8,900
	4.5%	2.8%	2.8%	3.5%	5.2%
通学している者	44,100	12,300	2,600	100	3,100
	2.0%	3.7%	2.1%	0.9%	1.8%
その他	143,500	18,100	8,800	600	10,900
	6.6%	5.5%	7.0%	5.2%	6.3%
無業者のうち就業希望の有無，求職活動の有無					
就業希望者	203,600	29,800	9,000	800	15,900
	9.4%	9.0%	7.2%	7.0%	9.2%
求職者	131,400	18,600	5,800	500	10,200
	6.1%	5.6%	4.6%	4.3%	5.9%
非求職者	71,800	11,200	3,200	300	5,700
	3.3%	3.4%	2.5%	2.6%	3.3%
非就業希望者	80,200	10,200	5,200	300	7,000
	3.7%	3.1%	4.1%	2.6%	4.1%

未婚女性	25～29歳				
	滋賀	奈良	兵庫	京都	和歌山
総数	23,000	24,500	95,300	48,900	12,900
	100%	100%	100%	100%	100%
就業者	20,600	20,300	82,300	42,900	11,500
	89.6%	82.9%	86.4%	87.7%	89.1%
無業者	2,400	4,200	12,900	6,000	1,500
	10.4%	17.1%	13.5%	12.3%	11.6%
家事をしている者	1,000	1,500	4,300	1,800	500
	4.3%	6.1%	4.5%	3.7%	3.9%
通学している者	400	500	2,600	1,200	100
	1.7%	2.0%	2.7%	2.5%	0.8%
その他	1,100	2,300	6,000	2,700	900
	4.8%	9.4%	6.3%	5.5%	7.0%
無業者のうち就業希望の有無，求職活動の有無					
就業希望者	1,400	2,900	9,600	4,400	1,200
	6.1%	11.8%	10.1%	9.0%	9.3%
求職者	700	2,200	6,400	2,800	500
	3.0%	9.0%	6.7%	5.7%	3.9%
非求職者	700	700	3,000	1,600	700
	3.0%	2.9%	3.1%	3.3%	5.4%
非就業希望者	1,000	1,300	3,300	1,200	300
	4.3%	5.3%	3.5%	2.5%	2.3%

資料：総務省「平成24年就業構造基本調査」（2012年）より筆者作成

ることや女性の大学進学率は各県でかなり異なっていることもあり、20代前半の女性の就業傾向を単純に比較するのは難しい）

この時点で、福井県や滋賀県の就業率は高いのに、奈良の就業率が全国平均より約4％も低いことがわかる。さらに、奈良県の無業者比率が他府県より高く、その分、就業希望者の比率も高い一方で、「非就業希望者」も5％を上回っていることもわかるだろう。

以下は巻末230ページからの表4－2を見ながら読んでほしい。

福井県や滋賀県、和歌山県では、40代前半で突然、「非就業希望者」比率が10％以上に上がっていることがわかる。とくに和歌山県では40代前半の未婚女性の無業者比率は4人に1人を超えている。全国で見ても、40代前半の未婚の女性の約20％が無業で、うち家事をしている者は約8％、その他は約12％となっている。家事をしている者が増えているのは、親の介護のための介護離職もあるのではないだろうか。兄弟がいても、未婚の娘は介護を押しつけられがちだと考えられる。

一方で40代前半の全国の就業希望者が12％強となっている。総務省の「労働力調査」によると、2015年で、働く35～44歳の未婚女性の約4割が非正規である。この年代は、就職氷河期といわれた1990年代後半から2000年代初頭にかけて、学卒者として就職活動をした世代である。それまで女性が正規職として就いていた事務職などの仕事が、非正規職に置き換わっていく時期でもあった。就労支援機関のキャリアカウンセラーによると、40代に入ると派

表5　全国の25歳～44歳の未婚無業女性の人数およびその内訳と比率

未婚女性		25～29歳	30～34歳	35～39歳	40～44歳	計
無業者数		285,500	178,400	174,500	165,400	803,800
家事をしている者	人数	97,000	71,300	71,900	65,300	305,500
	比率	34.0%	40.0%	41.2%	39.5%	38.0%
通学している者	人数	44,100	10,500	6,200	1,100	61,900
	比率	15.4%	5.9%	3.6%	0.7%	7.7%
その他	人数	143,500	96,100	95,800	98,200	433,600
	比率	50.3%	53.9%	54.9%	59.4%	53.9%

就業希望の有無・求職活動の有無の人数と無業者に占める割合

		25～29歳	30～34歳	35～39歳	40～44歳	計
就業希望者	人数	203,600	124,400	111,500	101,900	541,400
	比率	71.3%	69.7%	63.9%	61.6%	67.4%
求職者	人数	131,400	72,300	65,700	59,500	328,900
	比率	46.0%	40.5%	37.7%	36.0%	40.9%
非求職者	人数	71,800	52,000	45,500	41,600	210,900
	比率	25.1%	29.1%	26.1%	25.2%	26.2%
非就業希望者	人数	80,200	53,200	61,800	61,900	257,100
	比率	28.1%	29.8%	35.4%	37.4%	32.0%

資料：総務省「平成24年就業構造基本調査」（2012年）より筆者作成
（注）表章単位未満の位で四捨五入されているため、計と内訳の合計は必ずしも一致しない。

遣の仕事も無くなる傾向があるという。女性の非正規化が進むなかで、40代になって、働きたくても、非正規の仕事でさえも就けなくなっている人がいるのではないかということが、この表からも読み取れるだろう。

また表5には全国の25～44歳までの未婚女性の年代別の無業者数をまとめてみた。上の半分は人数、下の半分は無業者に占めるそれぞれの比率を計算してある。これを見ると、各年代で無業者のうち「家事」をしている者は4割前後で、「その他」の者は5割を超えていることがわかる。さらに無業者のうち就職希望者は6～7割程度いるが、そのうち実際に仕事探しをしているのは、さらにその6割程度であり、就業希望者の実に4割近くが仕事探しはしていない、ということもわかる。

なぜ就業を希望しているのに仕事探しをしないのかも不思議である。もし本人に「働きたい」という希望があるにもかかわらず、就業活動に踏み切れないのであれば、なんらかの適切な支援が必要であろう。また未婚女性で無業者のうち、3割前後は働く気がない。

いずれにしても本人の責任といってしまえばそれまでだが、本当に本人に任せておいていいことなのだろうか？　日本女性の平均寿命は87歳である。彼女たちの人生は、長く続くのだ。このまま放置しておいて、彼女たちは社会のなかに自分なりの居場所と役割を獲得することはできるのだろうか。

6. 未婚無業女性が就業を希望しない理由

実は「就業構造基本調査」では、無業者のなかの非就業希望者に、なぜ働くことを希望しないのか、その理由についても聞いている。無業者のなかには「家事をしている者」「通学をしている者」「その他」がいるが、その項目を選んだ者それぞれに理由を聞き、そのうちの「家事をしている者」と「その他」の者が非就業希望を選んだ理由について、表6にまとめてみた。表6－1は全国を集計したもの、表6－2は関西6府県のデータを集計したものである。

表6-1　全国の未婚女性の無業者のうち「非就業希望」の理由割合

	総数（人）	家事・介護・育児のため（注1）	病気・けがのため	仕事をする自信がない	その他	特に理由はない
無業者で「家事」を選んだ者						
15～24歳	14,500	20.7%	11.0%	13.8%	15.2%	31.7%
25～34歳	38,500	15.1%	26.8%	10.6%	14.0%	28.8%
35～44歳	44,000	29.3%	28.9%	8.9%	11.1%	20.0%
無業者で「その他」を選んだ者						
15～24歳	54,800	3.5%	26.1%	4.4%	26.6%	11.1%
25～34歳	67,000	1.0%	43.9%	4.2%	27.8%	14.8%
35～44歳	75,500	2.3%	52.6%	3.4%	30.3%	9.7%

表6-2　関西６府県の未婚女性の無業者のうち「非就業希望」の理由割合

	総数（人）	家事・介護・育児のため（注1）	病気・けがのため	仕事をする自信がない	その他	特に理由はない
無業者で「家事」を選んだ者						
15～24歳	3,000	30.0%	0.0%	23.3%	3.3%	36.7%
25～34歳	8,200	6.1%	25.6%	22.0%	9.8%	23.2%
35～44歳	8,000	23.8%	30.0%	8.8%	12.5%	25.0%
無業者で「その他」を選んだ者						
15～24歳	10,100	2.0%	21.8%	4.0%	34.7%	11.9%
25～34歳	10,800	0.0%	26.9%	2.8%	32.4%	16.7%
35～44歳	11,200	11.6%	50.0%	1.8%	22.3%	13.4%

資料：総務省「平成24年就業構造基本調査」より
（注１）「家事・介護・育児のため」とまとめて数値を出しているが、実際の調査では「出産・育児のため」「介護・看護のため」「家事（出産・育児・介護・看護以外）のため」と３つに分かれている。

また、非就業希望の実際の選択肢は11個あり、「ボランティア」や「高齢のため」という選択肢もあるが、ここにあげた15~44歳の年齢層ではほとんど選んでいる人がいないため、上位の5つだけ選んだ。

まず全国のデータを見ると、無業で「家事をしている」と回答し、かつ就業希望が無い者のうち、実際に家事をしているのは2割から3割である。実は「病気やけがのため」「仕事をする自信がない」という理由の者も多く、最も多いのは「とくに理由はない」である。つまり「家事をしている」者のなかには、本当に家族の介護などで仕事をできない状態の者もおれば、理由のないままに就業意欲をなくし、家にいることを「家事をしている」と答えた者も混ざっていることがわかる。

次に関西のデータを全国と比較して見ると、35~44歳と年齢が上がると「家事をしている」ので無業と答えた者のうち、実際に「家事・介護のため」を選んだ者が少なく、「病気やけがのため」「とくに理由がない」という者が多くなることがわかる。一方、「その他」を選んだのに「家事・介護のため」を選んだ者もいる。いずれにしても、本人にとっても「なぜ無業でいるのか」の理由が、明確でない(もしくは一言では語れない)者が一定割合いることが見てとれる。

さらに無業状態で何をしているかわからない「その他」で、かつ就業を希望しない者の最も大きな理由は「病気やけがのため」である。これらの人が適切なケアを受けられているのかどうかも気になる。そして、次に多い理由までもが「その他」であり、そもそもこの人たちは無業状態で何をしているのか、どうして仕事をする気がないのか、について具体的に知ることはできない。とにかく、彼女たちは「見えない」存在になっている。

ここから言えることは、未婚女性が「家事手伝い」や「その他」で家にいるということを、「本人の意思だからいいではないか」と放置していいのか？　ということだ。たとえば「家事手伝い」は便宜的な答えにすぎず、適切な働きかけがあれば、就業やなんらかの社会参加につながる可能性があるのではないだろうか。未婚率が上がっている現状では、「いずれ結婚すれば彼女たちの人生の様々な課題が解決される」と楽観的に構えてはいられないのである。

実は、厚生労働省の『21世紀成年者縦断調査』によると、10年間の継続調査の結果、結婚確率や出産確率が高いのは、女性でも正規の職に就いている者であった。非正規雇用や無業の女性は結婚する確率も低い、という結果が出ている。この背景には、無業の女性は社会的ネットワークもなく、出会いの機会も少ないことがある。内閣府（2015b）の「少子化と未婚女性の生活環境に関する分析」によると、「交際している異性がいない」女性を取り上げてみると、正規雇用者より非正規や無業・家事手伝いの者の方が「とくに異性との交際を望んでいない」者の割合が高く、「いずれ結婚するつもり」という意欲を持つ者の割合も低いという結果が出ている。

無業の者にとっては、たとえすぐに収入に結びつく仕事ではなくとも、家の外に出て、社会的な居場所を見つけることが必要なのかもしれない。それによって、自分への自信や就職活動への自信がついたり、自分の今後を主体的に考えることにつながる可能性がある。

7. 大卒女性の卒業時の進路とその後

次に未婚無業女性のうち、大卒無業女性について見てみよう。

ここ数年、少子化の影響もあり、大学進学率は上昇を続けている。2016年の状況を全国平均で見ると、高校を卒業した女性の57・3%が4年制大学か短大に進学している。いまや女性では大学・短大に行く方が多数派なのだ。ちなみに専修学校への進学者は20・0%である。2016年3月に高校を卒業して就職した女性は、全国で14・1%(契約社員など含む)。女性の高校卒業生の5%弱、約2・5万人はアルバイトか進路不明、つまり無業である。

実は関西は女性の大学進学率が高い。2016年に大学へ進学した女子の比率は京都が68・8%、大阪が62・6%、兵庫が63・6%、奈良62・9%と全国平均を大きく上回る。だが一方で、就職が決まらないまま、大学を卒業していく女性も少なくない。

図2には2012年3月と2016年3月時点の全国と関西各府県の女子の大学卒業時の進路状況を示している。「正規職でない者」は雇用の契約が1年以上だが雇用期間に定めのある契約社員など、「一時的な仕事」とはアルバイト・パートのことであり、「上記以外の者・不詳・死亡」の多くが無業状態の者と考えられる。

大卒時の就職状況は、そのときの社会情勢に左右される。バブル崩壊後の就職氷河期に社会

図2　関西の女子の大学卒業時点の進路（2012年3月と2016年3月）

2012年3月

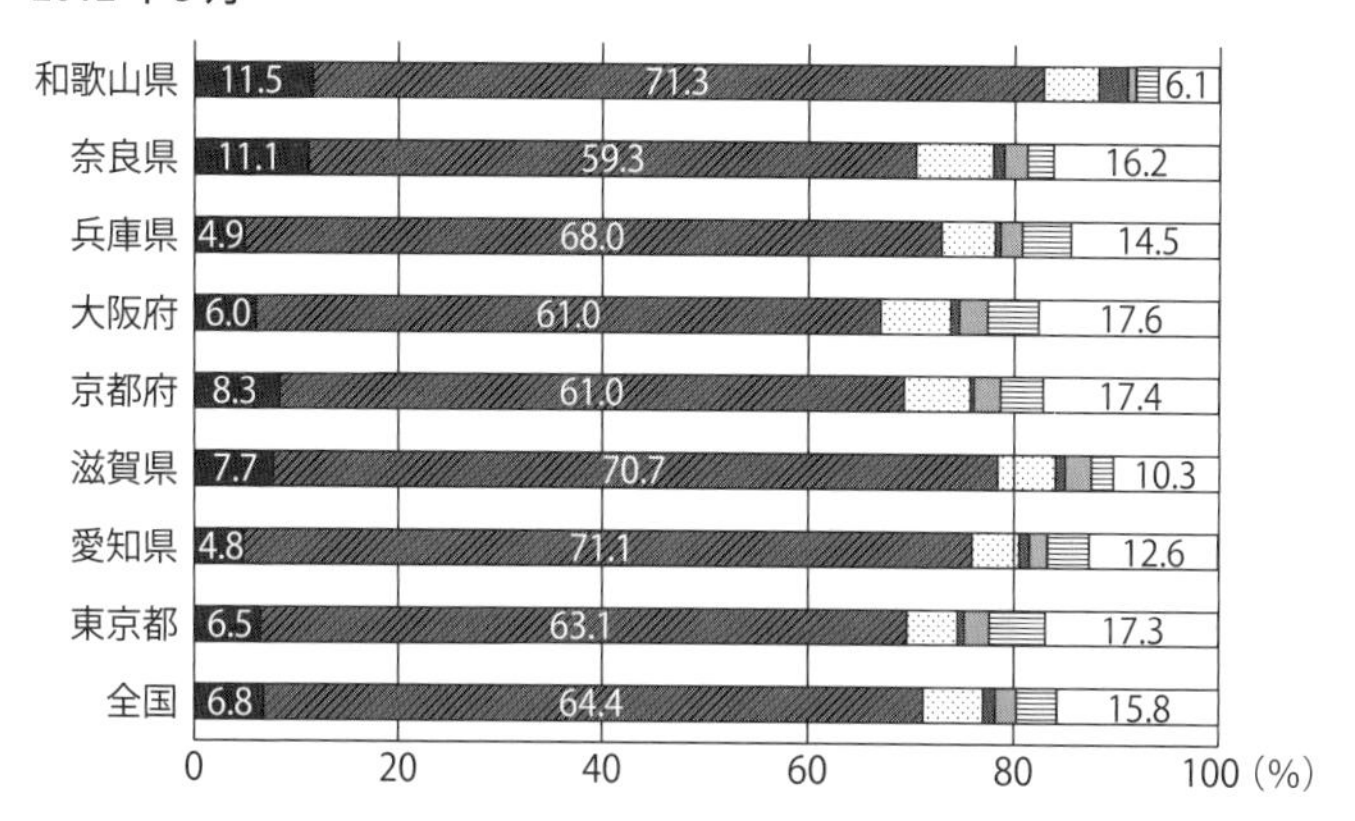

2016年3月

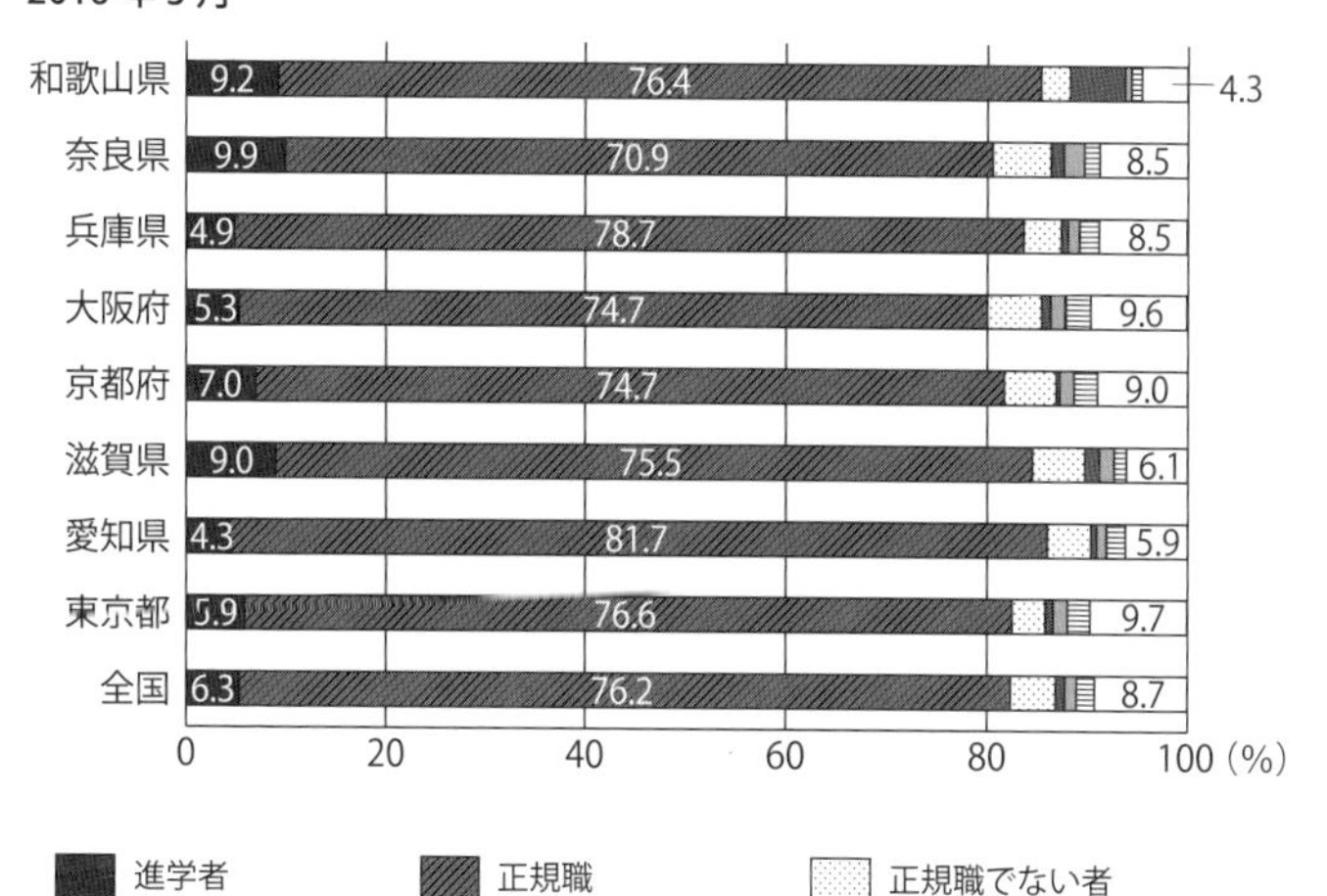

進学者　正規職　正規職でない者

臨床研修医（予定者を含む）　専修学校・外国の学校など入学者　一時的な仕事に就いた者

上記以外の者・不詳・死亡

資料：文部科学省「学校基本調査」より作成

に出ていった若者たちの状況を見ればわかるだろう。

就職率が回復してきた近年でも、東日本大震災の翌年2012年3月の全国の大卒女子の進路状況を見ると、正社員として就職した者が64・4%、契約社員など正規職でない者が5・8%、アルバイトなどの一時的な仕事に就いた者が4%となっている。「上記以外・不詳・死亡」と分類される者の多くが無業のまま卒業した者と考えられ、全国で15・8%である。つまり2012年には大卒女子の7人に1人が無業で卒業していったのだ。全国で見ると、無業者の人数は4万人弱、契約社員などは約1・4万人、アルバイトは約1万人弱である。

これが大阪府では、無業で卒業する者の割合が17・6%、アルバイトの者も5・2%、契約社員など正規職でない者も6・8%といずれも全国に比べて高い。つまり、2012年時点では、大阪府の大卒女子の6人に1人が無業、10人に1人はアルバイトか非正規の仕事で卒業している。関西全体で見ると、その年には、1万人以上の大卒女子が無業かアルバイト、約3200人が契約社員など正規職以外の状況で卒業しているのだ。卒業してからもう4年以上たつが、彼女たちがその後どうなっているのかは、知る由もない。

最近は人手不足感が強まり、2016年の大卒者の就職状況は改善している。2016年3月の全国の大卒女子の状況を見ると、正規職で就職した者が76・2%、契約社員などが4・5%、アルバイトなどの一時的な仕事に就いた者が1・9%となっている。「上記以外・不詳・死亡」(つまり多くが無業)の者は、全国で8・7%、女子の大卒者の約11人に1人である。全国で見ると、不詳や無業者の人数は2・2万人強、非正規雇用者は1・1万人強、アルバイトは5000人弱である。

ところが、人手不足感が強くなった2016年でも大阪府では全国のそれを上回り、女子の大学卒業生のうち、契約社員など正規職でない者が5・4%、アルバイト2・3%、無業者9・6%となっている。つまり大阪府では大卒女子の約10人に1人が無業、約13人に1人がアルバイトか契約社員など正規職ではないということになる。関西全体で見ると、2016年には約6000人弱の大卒女子が無業かアルバイト、約2700人が契約社員など正規職以外の状況で卒業している。

いま関西も人手不足で求人難だという。にもかかわらず、関西だけ見ても卒業生約5・4万人のうち、9000人近い大卒女性が無業かアルバイトなどの非正規職で卒業してしまっている。愛知県などに比べると、関西の大卒女性は正規職比率が低く、無業者比率が高い。

実は、大卒無業者に関しては、近年、文部科学省も問題視している(ただし、就職者のうち契約社員などの非正規雇用者の人数がわかるようになったのは2012年からである)。2016年の卒業生に関しては、全体のうち進学も就職もしていない8・7%(男女合わせた総数)の卒業生に、「なぜ進学も就職もしないのか」の理由を聞いている。すると、そのうちのごく一部が国内外の大学院などへの進学の準備、半分強が公務員や教員採用試験、資格取得を目指す、そして4割強が家事手伝い・ボランティアであった。

こんなことを言うのもなんだが、とくに文系学部の大学院への進学は就職問題の先延ばしにすぎない。さらに女子の場合は、中途半端に大学院に行くと本人のプライドから職業選択の幅も狭まり、学歴をつけることが、就職するうえで確実に有利になるわけでない。また、公務員試験や教員採用試験も受かればいいが、そうでないときは悲惨である。筆者は公務員試験などを目指す卒業生には、必ず期限を限って、1~2年トライしてだめだったら民間企業への就職へ進路を変えるようにアドバイスしている。東北地方を回ったとき、地元に帰りたいと何人もの大卒者が教職員や公務員試験にトライしていた。ところが過疎が進む地域での採用は少人数で激戦であり、何年か臨時職員でがんばったが、年齢的にも限界が来て、結局東京に行ったという話を、どこでも聞いた。残念ではあるが、「地方には大学を出た若者が就く仕事がない」ということだった。

次に大学を卒業した女性たちの〝その後〟を見てみよう。

表7は、「就業構造基本調査」から、全国の25~44歳の未婚で、短大・高専卒か大学・大学院卒の女性で、無業者とされている者の人数をまとめたものである。この表では、現在は無業の者が、以前は働いていたのか、働いたことが無いのかを、「前職あり、なし」で見ることもできる。

短大・高専卒の9万9800人（前職あり8万8200人、前職なし1万1000人）、大学・大学院卒の11万9900人（前職あり9万4000人、前職なし2万5000人）、合わせて21万9700人（ここから通学者を除くと21万3400人）の女性が、未婚で無業である。

表7　25～44歳の未婚無業女性の学歴別無業者の人数と無業理由および
そのなかの就業希望者・求職者などの内訳

	総数		家事手伝い		通学		その他	
短大・高専卒	99,800		41,900		2,600		54,900	
前職	あり	なし	あり	なし	あり	なし	あり	なし
	88,200	11,000	36,200	5,600	2,400	100	49,400	5,400
就業希望者	77,100		31,000		1,900		43,900	
前職	あり	なし	あり	なし	あり	なし	あり	なし
	72,400	4,600	29,200	1,800	1,800	100	41,100	2,600
求職者	47,500		18,100		700		28,400	
前職	あり	なし	あり	なし	あり	なし	あり	なし
	46,200	1,200	17,200	800	600	100	28,000	200
非就業希望者	22,600		10,800		600		11,000	
前職	あり	なし	あり	なし	あり	なし	あり	なし
	15,800	6,500	7,000	3,900	600	0	8,300	2,700
大学・大学院卒	119,900		43,200		3,700		72,900	
前職	あり	なし	あり	なし	あり	なし	あり	なし
	94,000	25,000	33,700	9,200	3,300	500	56,900	15,300
就業希望者	94,800		32,000		2,500		60,500	
前職	あり	なし	あり	なし	あり	なし	あり	なし
	80,200	14,700	27,700	4,300	2,300	200	50,200	10,300
求職者	65,400		22,900		900		41,600	
前職	あり	なし	あり	なし	あり	なし	あり	なし
	59,100	6,300	21,500	1,500	900	0	36,700	4,800
非就業希望者	24,400		11,200		1,300		11,900	
前職	あり	なし	あり	なし	あり	なし	あり	なし
	13,900	10,400	6,200	5,000	1,000	300	6,800	5,000

資料：総務省「平成24年就業構造基本調査」（2012）より作成　（単位：人）
（注）表章単位未満の位で四捨五入されているため、計と内訳の合計は必ずしも一致しない。

無業でいる理由が「家事手伝い」「通学」「その他」に分けられているが、大卒・大学院卒者であれば「家事手伝い」が4万3200人、「その他」が7万2900人いることがわかる。

また、大学・大学院卒である無業者11万9900人のうち、就業希望者が9万4800人いるが、そのうち実際に求職活動をしているのは、約7割の6万5400人であり、残りの3割は求職活動をしていない。さらに2万4400人は非就業希望である。これは大学・大学院卒無業者の約2割を占める。短大・高専卒でも同じように、非就業希望者が無業者の2割強を占める。無業理由の「家事手伝い」「その他」のなかには、自身が病気であったり、家族の介護をしていたりする者もいるだろう。非正規で低収入の未婚女性は、家族の介護のために介護離職しやすいことは指摘されている。

しかし、この未婚の無業女性約21万人の多くは、そういった明確な理由もなく無業状態になっている女性であろう。彼女たちはなぜ無業となり、就業意欲がありながら求職活動をしていなかったり、そもそも就業意欲までも失くしてしまっているのだろうか。

そこで次章では、関西の大学を無業、あるいは非正規状態で卒業し、現在は無業状態でいる20代～30代の未婚女性たちに、どのような問題や課題があって無業でいるのかについてヒアリング調査をした。彼女たちが何を考え、日常をどのように過ごしているのか、そして将来的にどうしていきたいと考えているのか、社会とつながるすべを持っているのか。彼女たちの思いを聞いた。

第3章

大卒未婚無業の女性たちのそれぞれ

筆者は２０１５年から２０１６年にかけて、大卒で未婚、無業の女性にインタビューを行った。大卒に絞ったのには、大学進学者が50%を超え、すでに多数派になっているからである。また、関西は全国のなかでも女性の大学進学率が高いのだが、一方で、就職が決まらず、大卒無業で卒業していく女性も少なくないという現状もあるからだ。

なぜ彼女たちが無業に至ったのか、無業状態で現在どのように過ごしているのか、将来についてどう考えているのか、などについて、筆者のインタビューから見えてきた20~30歳代の未婚無業女性たちの実態を紹介する。

1．未婚無業女性の状況とその特徴

未婚無業の女性といっても、就職意欲があるのか、ないのか、実際に就職活動をしているのか、していないのか、など実態は様々である。2章で見た「就業構造基本調査」でも、調査項目は「就業希望で求職活動中」「就業希望だが求職活動はしていない」「就業したくない」と分けられる。さらに、いまは無業だが一度は就労した経験のある人、一度も働いたことのない人にも分けられるだろう。

表1は25~44歳の未婚無業女性の人数をまとめたものである。全国で見ると「就業希望で求職活動中」が32万８９００人、「就業希望だが求職活動はしていない」が21万０９００人、「就

業したくない」が25万7100人である。関西2府4県の人数も載せたので、参照して欲しい。

実は、大阪府では女性の就業率の低さを問題視し、2014年、大阪大学と協力して関西の未婚無業女性を対象にインターネット調査やヒアリング調査を実施している（大阪府「若年女性の就業意識等に関する調査結果報告書」）。さらに、求人を紹介する就職フェアーや若者ハローワークに来た無業の未婚女性にアンケートを実施し、実際に求職活動をする人の状況も把握している。

大阪府の調査から、まずは求職活動をしている人について見てみよう。就業経験があるものの、現在無業で就職活動している人の最も多い理由は、初職の労働条件が悪くストレスやプレッシャー、長時間労働で離職せざるを得なかったことだ。また、新卒時に深く考えずに就職活動をし、初職をすぐに辞めてしまった、初職から転職したものの非正規職しかなく、しばらくは非正規で働いていたが、現在は無業で、なんとか正規職を見つけたいという理由も多い。就職活動をしている人のな

表1　25～44歳の未婚無業女性の就職意欲や求職活動の有無による分類と人数

	全　国	関西 2府4県
就業希望で求職活動中	328,900人	57,000人
就業希望だが求職活動はしていない	210,900人	37,700人
就業したくない	257,100人	43,000人

資料：「平成24年就業構造基本調査」（2012年）より筆者作成

かには就業経験がない人もいるが、それは新卒時に就職活動をしなかったか、してもうまくいかず無業で卒業したためである。

無業になった理由はどうであれ、実際に求職活動をしている人たちは、働くことについて、「自由な時間を失うなど犠牲も伴うが、お金を得ることであり、生きがいを持て、社会の一員になることである」と、積極的意味を見いだしている。いま無業でいるのはどこにも採用されていないからであり、条件の合う職場さえ見つかれば、いつからでも働ける状態にあるようだ。

どんな形であれ、求職活動をしている人は社会につながろうとしており、すぐに就職できなくとも、様々な支援につながる可能性がある。就職支援機関に足を運べばキャリアカウンセリングや職業訓練など、就労支援の情報を得ることもできる。もちろん、実際にハローワークなどの就労支援機関にきて、アドバイスを受けながら求職活動を続けていても、うまくいかないことが重なると、突然、求職活動を辞めてしまうこともある。そして就労意欲そのものを失い、〝消えてしまう〟人もいる。

そうならないように、無業女性たちが就業意欲を失わず求職活動を続け、適職に巡り合えるまでフォローを続けることが非常に重要なのだ。それには彼女たちに自信を持たせ、応援してくれる人がいると感じさせることが大切であり、無業期間が長期化して孤立しないよう、早めに様々な支援につなぐことが必要だろう。

それでは求職活動をしていない人たちはどうなのだろうか?

大阪府の調査から見えてくるのは、「就業希望だが求職活動はしていない」女性たちが、実際に就職活動をするには、相当に丁寧な支援が必要だろうということだ。彼女らの半数を占める就業経験のある30代前半の女性でも、仕事をする意義をあまり感じていないし、就業経験のない人に至っては、家事も生活費も親がかりで、自分は「健康状態が悪くて働けない」という意識が強い。無業状態が長期化する間に、意欲や自信を失って、体調も崩してしまっているのだろう。彼女たちにはゆるやかなステップを踏みながら、体力や自信を取り戻す準備が必要である。そのまま家にいては、就職活動を始めるためのきっかけや動機づけが見つけられないことは容易に想像できる。

では、「就業したくない」人たちはどうなのだろうか。実は、そのうちの半数弱を占める就業経験のある30代前半の女性たちは、親からも「早く就職してほしい」とは言われていない。本人も「就職したいが、できそうにない」と考えていて、そもそも仕事に対して後ろ向きになっている。彼女たちは見えない存在になっており、支援するにも、その糸口すら見つけるのは難しいのが現状である。

また、無業の若者を支援する関係機関に実際に足を運んでくるのは、大卒者が多いという現実も見逃せない。大卒者は、本人の心境が変わり、自分の状況を変えたい、無業の状態から脱したいと思ったときには、どこに行けば支援が受けられるのかを調べる力もあるということだろう。一方で、そういった情報収集力のない、高卒や中卒の若者たちは、様々な支援からこぼれ落ちて、まさに〝見えない存在〟になってしまっているということを付け加えておきたい。

2. 大卒未婚無業女性たちの話

大学まで出た女性たちがなぜ無業になったのか、いま彼女たちは何を考えているのか。ここで紹介する6人は全員4年制大学の卒業生である。関西では女性の大学進学率が高いのに、その就業率が低いことが課題となっていることは先に述べたとおりである。

6人のうち3人は無業で就職活動もしていない人、3人は仕事を再開したいと若者サポートステーション（働くことに悩みを抱える15〜39歳の若者を支援する機関）に来ている人だが、そのうち2人は、まだ具体的な就職活動は始めていない人である。

若者サポートステーションを通して、ヒアリング対象者を見つけるのは比較的容易であったが、無業でどこの支援機関にも関わりを持たず、就職活動もしていない人を探し出すのは難しい。彼女たちは社会のどこにもつながっていないので、探すすべがないからだ。そこで、関西地域専門の調査会社に依頼して、20〜30代に限定して対象になる女性を探してもらい、やっと5人と会うことができた（ここで紹介するのはそのうち3人である）。

先述の2014年の大阪府の調査でも、同じように調査会社に依頼し、人づてに20〜33歳の計9人の無業女性を探しだしてインタビュー調査をしている。

大阪府の報告書によると、無業状態にある女性たちには、1．家族とのつながりが希薄、2．相談できる友人の不在、3．感情が薄い、4．社会への関心の無さ、5．働く意味が理解できない、といった共通の特徴があるという。

それでは実際に筆者が会った女性たちはどうだったのか、以下にレポートする。ちなみに、彼女たちは驚くほど饒舌で、なんでもかんでも話してくれた。おそらく自分の話を聞いてくれる人を探していたのではないか、と思うほどである。

支援にはつながらないまま

まず取り上げる3人は無業状態のまま、どこの支援機関にもつながっていない女性たちである。3人とも若くかわいらしい、ごく普通のOLにしか見えない。なお、本人が特定されないようにインタビュー内容は編集されている。

西山さん（仮名・30代前半）

公立大学デザイン系学部を卒業後、無職。新卒後、短期間アパレルでアルバイトをした以外は、家業を単発で手伝うのみ。正社員経験なし。父、母（専業主婦）、姉（大卒・未婚）、西山さんの４人家族。家族全員同居。父親が会社経営をしており、姉は就職活動はせず大学卒業後、すぐに家業を手伝っている。

① これまでの経緯

自宅から大学までは遠く、授業のある時以外は大学にはいかなかった。４年生になって４月に学校に行ったときに、もう内定をもらったという同級生がいて驚いた。確かに３年生の終わりに学科ごとに学生を集めて、内定をもらった先輩の話を聞くというガイダンスはあったが、それぐらいの時期から就職活動を始めるということも認識していなかった。友人とも就職活動の話はせず、また週に一度のゼミは、おもに卒論の進展状況の報告だったため、就職活動の話はできなかった。自分から積極的にいろいろ聞いてみるということもしなかった。そもそも４年生までにすべての単位を取っており、４年時は卒論のために週に1回、大学に行くだけ。相談する友人もおらず、どうなっているのか、何をすればいいのかもわからない状況だった。

当時の大学の就職課には、求人票が入ったカゴがおいてあるだけで、キャリアカウンセラーなどはいなかったため、いまに至るまで誰かに相談したことはない。

それでも４年生のときには就職活動をした。しかし、自宅から無理なく通える範囲で、仕事内容はデザイン系・企画系、会社にもこだわり、かつ面接試験がないところに絞ったため、どこからも内定はもらえなかった（そもそも面接のない採用試験などないと思うが、それについては聞いていない）。卒業後はアルバイト（アパレルの販売）をしたが、体力的にきつかっただけでなく、人間関係でいやな目にあい、すぐに辞めた。それ以来、就職しても職場の人間関係で、うまくやっていけるかどうかを心配している。

その後は、父親からたまに、「手伝うか」という声をかけられたときだけ、月に数回家業を手伝って、1回5000円程度の小遣い稼ぎをしている。携帯代を払ったらほとんど残らない。健康保険は親の扶養に入っているが、30歳になってやっと自分で年金を払い始めた。ちょっと遅れると、催促の電話がかかってきて怖い。

家業の手伝いは楽しい仕事ではないので、自分から「やらせてくれ」と頼むことはなく、毎日ダラダラ過ごしている。

② 就職活動

就職活動は、スマホの求人サイトに登録して、週に一回ぐらい更新情報を見るだけ。だから、まったく決まらない。初めは新卒時と同じように、デザイン系・企画系の職種に絞っていたが、いまは事務にも広げ、初心者歓迎と書いてあるものを探している。サービス業や立ち仕事はいやで（アパレルのアルバイト経験から）、内勤にこだわっている。しかし、ここ数年はエントリーしても面接の手前で落ち続けているため、正社員にはこだわらず、パートで時給８００円台でもかまわないと考え始めている。

ハローワークには行かない。電車で20分ぐらいかかるし、「まともな会社はハローワークに求人を出さない」「求人票に書いていることと、実際の仕事の内容が違う」とネットに書いてあるだけでなく、実際に行った人から「行っても気が滅入るばかり」と聞いて、怖い場所と思っているからだ。ネットのほうがずっと情報が多いと信じている。

いまから考えれば新卒のときに選り好みせず、どこでもいいから就職しておけばよかったと思うし、いろいろ調べたり、周りの人にあれこれ聞いたり、相談すればよかったと思う。しかし、いまになっても誰にも相談していない。職探しの幅も広げたほうがいいかもしれないとは思うが、何をどうすればいいのかがわからない。

資格があればいいかと思い、書店で簿記の本を見てみたが、難しくてあきらめた。いつまでに就職する、と決めているわけではないが、将来を考えると不安である。

③　親との関係と今後の展望

本当は実家で働かせてもらえれば一番いいと思っているが、父親からは「２人は雇えない」とはっきり言われている。母親からは、「どこでもいいから働きに行け」、と最近は口うるさく言われている。一度、面接を受けたときに、「卒業後、何をしてきたのか」と聞かれて答えようがなかった。いままでも、就職活動について一切親に相談したことはない。姉には「今度、ここに応募してみる」と言うこともあるが、「いいんじゃない」と言われるだけで、アドバイスをくれることもない。

このまま仕事が見つからなかったらどうしようと、不安である。もし誰かが、客観的に「あなたにはこれが必要」「あなたにはこれが向いている」と言ってくれればいいかもしれないが、何を相談したらいいのかもわからないため、わざわざどこかに行って相談しようとは思わない。そもそも、そういった相談ができる場所があるのかどうかも知らない。

父親は「仕事はしんどい」とばかり言っており、好きで仕事をやっているわけではないようだ。「宝くじが当たったら、速攻で仕事を辞める」と言い、仕事は生活のために、しかたなくやるものと考えているようだ。

本音は、裕福な人と結婚して、自分が働かずにすむ暮らしがしたい。生活できるなら、なるべく働きたくない。母も専業主婦だったので、それがいいと思っている。けれど、出会いもなく結婚は無理だろうと考えている。

筆者の感想

西山さんは、インターネットの求人サイトに登録していることで、就職活動をしているつもりになっているが、職歴が何年も空いている人がそんなに簡単に就職できるだろうか？　相談相手もまったくいない状態であるため、職業訓練校や若者サポートステーションのような就労支援機関があることも知らないままである。基本的に家から外に出て何かをする、ということはない。外に出るとお金がかかるからだ。受け身で待っているが、待っているだけでは、何も西山さんには訪れない。

どこかに行って何かをしよう、苦手なことも克服しようという気力を失っている感じでもあり、仕事がないことが不安でありながら、仕事に就くことを避けているようにも見受けられる。そもそも本音では働きたくないのだろう。母親も「働け」とは言うが、一緒になって就労支援機関を探したり、娘の相談に乗ったりするわけでもない。

ならばいっそのこと、早くから婚活でもすればよかったのではないかと思うが、親がそれを勧めているわけでもない。

家業の会社で働く姉は、「絶対、結婚する」と婚活に一生懸命らしい。姉は卒業と同時に、当たり前のように家業の社員となり、経済的にも安定し、結婚したいと活動も始めている。それに比べ、西山さんの扱いがかわいそうな気がする。両親は、家に住まわせ、食べさせてはいるが、それ以上の働きかけがないからだ。

そもそも、2人とも家業で雇い入れることが不可能で、次女には外で仕事を見つけて自立してもらう必要があるのならば、もっと早い時期から、彼女に働く準備や自立することを教える必要があったのではないだろうか。西山さんの新卒時の就職活動が緩かったのも、「好きな仕事ならしてもいいが、ダメなら姉のように家業を手伝えばいい」という考えがあったからではないだろうか。親子でなぜ、そういった重要なことを話し合わなかったのかと思うが、いまも西山さんは「親には何も相談しない」と言う。

さらに父親の無意識の言動が、娘に「働くことはしんどくて、いやなこと」というイメージを植えつけているようだ。そのせいか、西山さんは、働くことに対してネガティブなイメージしか持っていない。それでは就職活動もうまくいかないだろう。

また、姉が就職活動の経験がないことも、西山さんには不利だ。インターネットの就職サイトに登録していることで、就職活動をしているつもりになっており、かえって西山さん自身も自分の状況から目をそらしていると思われる。

インタビューで、「事務の仕事に役立つエクセルなどが学べるチャンスがあるなら習いに行くか?」と聞くと、行ってもいいと言う。しかし、「面接の練習は?」と聞くと、どうしても面接が苦手らしく「それはいいです」と言う。

まずは家から外に出て、若者サポートステーションなどで、就職活動に向けての準備をすることから始めるべきだとは思うが、西山さんが自主的に動き出すのを待っていては、手遅れになるだろう。

山口さん（仮名・20代後半）

関西の私大文学部を卒業。高校時代からアルバイトをしていた自宅近くの書店で、大学卒業後もそのままアルバイトとして就業。週に5日、1日7〜8時間のフルタイムで数年間働いたのち、2年前に退職。以来、無業状態。父親はいない。母親は介護関係の事業所を運営している。姉は独立して一人暮らし。山口さんは母と同居。

① これまでの経緯

大学4年当時、自宅で祖母の介護をしていたため、就職活動はしなかった。もともとは図書館司書になりたくて資格も取ったが、就職課で「図書館司書は求人が少ない」と言われたことに加え、司書の求人があっても遠方のものが多く、自宅から通える範囲での就職しか考えていなかったため、司書の仕事をあきらめた。「同じように本を扱う仕事だから」

と、卒業後も高校時代から続けている書店でのアルバイトをそのままやることにした。

2年前、書店の店長が変わったが、新しい店長とは気が合わず、アルバイトをすることが苦痛になっていった。さらに、「英語の勉強を自分でしたい。原書で本を読みたい」(留学したいとかではなく、原書を読みたい)と考えるようになり、書店のアルバイトを辞めた。その後、インタビューの日まで2年間、何もしていない。しかし、お金のかかる生活はしていないので、いまはアルバイト時代に貯めたお金でやっていけている。

② 就職活動

半年ほど前、ハローワークに行って求人検索をしてみたが、これといったものがなかったので、その後は行っていない。ハローワークで気に入る仕事がなかった理由は、通勤時間や労働時間が長いものばかりだったからだ。これからどうしようか……と悩んでいるとき、友人と東京へ旅行に行く予定が入り、その後は、ハローワークへ行くことも仕事探しも辞めてしまった。

この2年間にやりたいことはやったので、半年ぐらいしたら、もう一度、ハローワークに行ったり、ネットで仕事を探したりしてみようかと考えている。30歳ぐらいまでには仕事を見つけたい。

仕事を選ぶ際の条件は、自宅から通えること、そして本を読む時間が取れることだ。実家住まいなので最低限の収入が得られればそれでいい。できれば正社員になりたいが、いまとなっては年齢的にも難しいということは理解しているので、パートでもアルバイトでも構わないし、職種も接客でも事務でも、なんでも構わない。これからは、アルバイト募集のフリーペーパーなども見るつもりだ。

大学でも卒業生に職業紹介をしているらしいが、いまさら大学で気に入る仕事など見つけられないだろうと思うので、行っていない。

理想の働き方は、生活できる程度の給料がもらえて、趣味の時間が取れて、たまに旅行に行けるぐらいの仕事でいい。給与よりも時間の方が大事である。アルバイトのときに社員が長時間労働を強いられている姿を見て、仕事中心の生活はいやだと考えるようになった。

③ 家族との関係と今後の展望

家族は個人主義で、姉も母も何も言わないし、自分から相談もしない。母は、「自分の貯金があるのだったら好きにすれば」という感じだ。食事も、自宅にあるものをそれぞれ別々に食べ、母と一緒に食事はしない。

いずれにしても誰にも相談したことはないし、相談する必要性も感じない。

母とずっと一緒にいたいわけではないので、母親の事業所に入ることは考えていない。同じ空間に他人とずっといるのは無理だから、結婚はしないと思う。家族からも結婚のことは一切言われない。金持ちと結婚すれば仕事をしなくていいかもしれないが、逆に専業主婦として家事に時間を取られるので、それは希望していない。本を読む時間が減るのはいやだ。

旅行に行ったとき、東京で働いたり、結婚したりしている友人を見ても、少しもうらやましいとは思わなかった。彼女たちに会って、よりいっそう自宅から通える範囲で、そこそこの仕事ができればいいと思うようになった。

高校時代にはあまり将来のことは考えておらず、大学に行けば、4年の間にやりたいことが見つかるかと思っていたが、逆にガツガツ仕事をする必要はないと考えるようになった。加えて、通学に2時間もかかったので、こんなことに自分の時間をとられるのは馬鹿らしいと感じるようになり、それ以来、長い通勤は時間の無駄だと思っている。

将来の不安はないというか、長生きはしたくない。50歳ぐらいで死んだらいいと思っているので、老後のことは考えたことがない。不健康な生活をしているし、それぐらいで寿命が来るだろう。年金もいまは払っていない。母が死んだら実家と遺産が手に入るので、それで生きていける。

筆者の感想

山口さんは、ハローワークに行ったことがあるにもかかわらず、面接講座や就職相談は利用しなかった。しかし、そのときにハローワークの〝未経験者可〟の求人が20代までというものが多かったことに気づいたので、「28歳までに就職活動を再開するつもり」だという。次にハローワークに行くときには、面接練習ぐらいはしてもいいかなと思っているようだ。

しかし、山口さんも欲がないというか、話していても感情が薄い。本の世界に没頭したいという以外に、何がしたい、これが欲しいというものがない。最低限のお金さえあれば、それでいいという。

祖母の介護のために就職活動はしなかったというが、就職活動をしない理由に祖母のことを使っているのかもしれない、という気もした。なぜなら母親が介護関係の事業所を運営しているだけでなく、卒業後のアルバイトはフルタイムで勤務していたからだ。本人が本当に就職活動をしたいと思えば、できる環境にあったのではないかと思われる。

図書館司書も、本当になりたかったのかどうか、話を聞いてもよくわからなかった。山口さんは、図書館司書以外に自分に何が向いているのかについて考えるのを避けているのかもしれない。

家族とも関係は薄く、友人はいるというが、相談する人は家族も含めて誰もいないようだ。「自分でできるから人に相談する必要がない、自分で探して就職する」というが、それほど必死に求職活動はしていない。

そこで、「新卒のときに正社員の仕事に就いていたらどうなったと思うか？」と聞いてみると、「仕事には執着していないので、いやなことがあったらすぐに辞めていたと思う」という返答であった。とにかく働くことに、非常にネガティブなイメージしか持っていない。働くことに否定的だったから就職活動をしなかったのか、正社員で働く仕事に就かなかったため、否定的にとらえるようになったのかはわからない。大学時代、就活セミナーに1～2回出たが、座っていただけで積極的に話を聞こうとはしなかったそうだ。なぜなら、そのころからブラック企業が話題になっており、仕事に支配される人生はおかしい、と考えるようになったためだという。

雑誌などで、バリバリ働くキャリアウーマンを見ても何も感じないし、仕事に生きがいや、やりがいを持っている人がいても、自分には関係ないと考えている。なぜなら、山口さんにとって、仕事は生活のために仕方なくするものだからである。

アルバイトで働き続けていても、いずれ母親の遺産が入るという目論見のようだが、本当に山口さんに遺産が入るかどうかもわからない。ところが、難しい話になると、「長くは生きないから」と逃げてしまうのだ。本当にそのままでいいのだろうか。

小泉さん（仮名・20代前半）

旅行・観光関係の仕事を目指し、私立大学の観光関係の学部に進学するも、就職活動がうまくいかず無業で卒業。それから2年近く、好きな仕事を見つけたいと、様々なアルバイトをしてきたが、いまは無業。父、母（幼稚園教諭）、姉（正規の事務職）の４人家族。現在、家族と同居中。

①　これまでの経緯

中学時代から海外旅行の添乗員になりたいと思っていて進学した大学であったが、1年目の授業は一般教養ばかり。観光に直結するものは少なく、期待していたものとの大きなギャップを感じてしまった。そのため、あっという間に授業への関心を失い、喫茶店でのアルバイトに勤しむようになった。どんどんアルバイトの仕事が面白くなり、週に4～5日もシフトを入れて働くようになっていった。お客さんやほかのスタッフとも仲良くなり、世代の違う人と交流ができたことは、とても楽しかった。

結局4年間、アルバイトや遊びに気を取られ、ほとんど大学に通学しなかったので、旅行関係の仕事に必須な英語力も身につかなかった。大学には、旅行関係の仕事に就きたい人のための講座や面接練習もあったが、きちんと受講もせず、就職試験はすべて落ちてしまった。

これではまずいと、慌てて正社員の事務職に絞って就職活動をしたが、準備不足なこともあり、どこにも採用されなかった。就職活動中、常に「何をしたいのか」「自分は何に向いているのか」を考えていたが、わからないまま。結局、無業で卒業することになった。

卒業後は自分に向いているものや、好きだと思える仕事を見つけようと、様々なアルバイトを渡り歩いた。飲食店のウェイトレス、アパレルの小売り、車の販売店、工場の生産現場でも働いた。できることは全部やってみたが、何も見つからないまま2年近くがたってしまった。どうしたら適職が見つかるのかわからなくなってしまい、この数カ月は何もしていない。いまはアルバイトで貯めたお金で暮らしている。

② 家族との関係

家族との関係は悪くないが、父親は「好きにすれば」としか言わない。母は専業主婦だったが、子どもたちの手が離れてからは資格を生かし、幼稚園教諭として再就職。いまも働き続けている。母は幼稚園教諭の仕事が好きで、楽しそうに働いており、好きなことを仕事にしていてうらやましい。

姉は事務の正社員として、なんだかんだ文句を言いながらも働き続けている。来年には結婚することになっており、順調である。姉も専業主婦になる気はないようだ。

姉も母も話は聞いてくれ、応援してくれてはいるが、適職探しの助けにはならない。母は「看護師になったらどうか」と言うが、いまから4年も勉強する気力がないし、時間がかかりすぎると思っている。

③ 今後の展望

母（幼稚園教諭）のように、自分も何か資格がある方がいいと考えているが、やりたいことがわからないので、何の資格がいいのかもわからないというのが正直なところだ。本当は、事務（ただし正社員）が長く働けていいのではないかと思うが、どうすれば採用してもらえるのかわからない。

交際している相手はいないが、早く結婚もしたいし、子どもも欲しい。子どもにお稽古をさせたり、いい学校に行かせたりするには働くことは必要だと思うし、自分で自由になるお金を得るためにも、働き続けるつもりだ。年金も大学を卒業してからアルバイト収入で納めている。

大学の友人たちのなかには、すでに最初の仕事を辞めている人もいる。そういう話を聞くと、「せっかく就職したのに、すぐ辞めるのはよくない。ちゃんと自分に向いた仕事を見つけて長く勤めたい」と考えるようになり、よけいに何をすべきか悩んでいる。

一方、仕事を続けている友人は、「収入がないと生活していけない。いやなこともあるけれど、割り切って働いている」という。また高卒で働いている友人のなかには結婚して、すでに子どもを産んだ人もいるが、育児休業を取ってみんな働き続けている。周りの人から正社員としての採用は20代半ばまでと言われ、焦り始めている。

筆者の感想

小泉さんは新しい仕事を覚え、周りの環境になれるのに毎回苦労したと言いながら、一生懸命、何種類ものアルバイトを経験し、自分の適職を見つけようと苦闘している。彼女の周りに専業主婦の人はいないし、結婚した友人ほど家計のために働く覚悟を決めており、自分もそれが当たり前だと理解している。

高い就業意欲を持ち続けているが、自分に合う仕事は何かを見つけようとして、行き詰まっているようだ。高校や大学の友人たちとの交流もあり、いろいろと話はしているし、母親や姉との関係もいい。しかし、母親や友人たちが彼女に有効なアドバイスができるわけでもない。次へのステップが見えないまま無業状態が長引けば、就労意欲そのものを失うリスクがある。

小泉さんに「高校時代に就業についての授業などがあれば聞いたか？」と聞くと、「高校時代は大学に行くことしか考えていないから、興味を持たないと思う。本当に次に行く学校がない大学でないと学生たちは聞かないだろう」と言う。実は彼女の出身大学のホームページを見ると、就職ガイダンス講座や個別相談など、就職への支援メニューは豊富である。だが大学時代はアルバイトに夢中で、せっかくの機会をいかせなかったのだ。

「職業適性相談やインターンシップなどのチャンスがあれば受けたいか？」と聞くと、目を輝かせて「そんないいところがあれば行きたい」と言う。小泉さんはアルバイトを転々としながらの2年近くの間、何か助けはないか、どこかで支援が受けられないか、市役所などに行ったときはチラシを見たりして探していたらしい。だが何も見つけられず、どこに行って誰に助けを求めればいいのかもわからず、いささか疲れてしまった。

小泉さんはアルバイトを転々としているなかで、「正社員になれるのであれば、いやなことがあっても続ける」という覚悟を固めたことは確かだが、結局自分が何をすればいいのか、という問題は解決されていない。新卒無業になった時点で、新卒応援ハローワークや若者サポートステーションにつながっていれば、小泉さんの課題はもっと早く解決されたのかもしれない。

支援につながった女性たち

次に、いまだ無業ではあるが、現在、若者サポートステーションという就労支援機関につながっている女性を取り上げる。若者サポートステーションは、働くことに悩みを抱えている15～39歳の若者が、相談やコミュニケーション訓練、就労体験を通して、少しずつ働ける状態になるよう手助けをする機関である。

今回は、大阪、滋賀の若者サポートステーションに通う女性たちにインタビューを行った。

田中さん（仮名・30代半ば）

関西の私立大学の英語学科を卒業後、知人の紹介で社員数人の小さな会社に事務の契約社員として入社。3年近く働いて退社後、アパレル販売員としてアルバイトを1カ月した後、長期間のひきこもりに。父親は幼少期に亡くなり、その後、母親と2人暮らし。半年ほど前から過呼吸症状が出るようになり、精神科を受診。その病院のソーシャルワーカーから若者サポートステーションを紹介され、通所を始める。

①　これまでの経緯

　大学では英語を専攻し、3年生のときに数カ月間の語学留学もした。ところがその間に、日本では就職活動が始まっており、帰国したときには、同級生のみなが就職活動の真っ最中だった。友人と呼べる同級生のグループはあったが、あまり深い付き合いはしていなかったため、就職活動がどういう状況なのかを聞くこともできなかった。「いまごろ来て、何しているのか？」と批判されるのが怖く、キャリアセンターを訪れることもなく、何をしていいのかわからないまま、就職活動を始めた。いま振り返れば、友人たちに「どうなっているの？」と聞き、キャリアセンターにも相談に行けばよかったと思うが、当時はそれを判断する力もなかった。そもそも自分のことを人に話す、さらけ出すことが怖かったからだ。

　最終的に知人の紹介で、社員数人の小さな会社に事務の契約社員として勤めることができた。仕事はパソコンを使った入力業務で、2年ほど何事もなく働いたが、経営権をめぐって経営者の家族同士が揉めるようになった。次第に従業員もそれに翻弄されるようになって、会社の雰囲気が一気に悪くなった。夏ごろから会社に行くことが怖くなり、次第に出社できなくなったため、その年の年末、退社した。

　その後は、魂が抜けたようになって体も心も動かなかったが、なんとか夏には好きだったブランドのアパレル販売員の仕事を見つけ、仕事を再開した。しかし、6カ月ぶりの仕事が初めての高いヒールでの立ち仕事で、さらに年下の先輩から厳しく指導されたことが重なり、ストレスからか微熱が続くようになった。最後には体中が痛くなってしまい、1カ月で辞めた。自分でも、体も心も壊れた、とはっきりわかる状態だった。

それから5年以上、ひきこもっていた。

② 若者サポートステーションに来たきっかけ

ひきこもっていた間は、テレビやインターネットを見たりして、自分がなぜひきこもりになったのか、ひきこもりが長期化するとどうなるかなど、いろいろ調べていた。そして最近になって、母親と言い争ううちに過呼吸の症状が出るようになり、「このままでは本当に自分はおかしくなる」と思い、精神科に行った。

病院選びは慎重に行った。各病院のホームページを読み込み、治療だけでなく、今後は働かなくてはならないと考えていたため、「生活相談もできます」というソーシャルワーカーがいる病院で、かつ病院への行き方が丁寧にわかりやすく表示されているところに候補を絞った。外に出ることになれていないので、道順の説明のわかりやすさや親切さが、「私のように不安感のある者が病院に来るということの大変さをわかってくれている」と感じられたからだ。また、親に医療費の負担をかけたくなかったので、自立支援医療についての説明が丁寧にされていた病院を選んだ。

病院では様々な検査をしたが、医師から「あなたは何もおかしくない。仕事探しの準備をした方がいい」と言われ、サポートステーションを紹介された。

今度はサポートステーションのホームページを読み込んだ。来訪した場合にどういう流れで自分が扱われるのかを調べ、スタッフが顔写真つきで掲載されていることを確認し、自分のようにひきこもっていた人も来所していること、今後、自分はどのように支援を受けるのかなどについて、よく理解できたので来る気になった。

これから何が起こるかわからないような場所は、どんなに勧められても不安で行けない。いまはサポートステーションでカウンセリングを受けつつ、体力をつけるためにエアロバイクを漕いだり、家の外に出るときになるべく歩いたりするようにしている。まずはアルバイトから始めるのが目標である。

③ 家族との関係、今後の展望

父親は幼少期に亡くなったので、記憶はない。ひとり親家庭であったが、遺族年金もあり、さらに親戚の援助などもあって経済的に恵まれていた。母の決めたお稽古事が毎日のようにあり、家では添加物があるからと、スーパーで売っているようなお菓子を食べることも、テレビを見ることも禁止されていた。普通の子どもが欲しがるおもちゃも与えられず、毎晩9時には寝かされた。母親に抑えつけられ、全てにおいて母親の考え方に基づく許可をもらうことが必要だった。

大学進学時も、高校の先生と母親が「この学力で行ける学校はここ」というリストから選び、学校推薦で進学した。「自分で考えて自分で決める」という経験は一切なく、母親の言う事を聞くよい子であったと思う。

小学校、中学校ではいじめられた。それは「テレビも見ていないので、みんなが知っていることを知らないし、共通の話題がなく、話が合わせられないから」である。母親の考える理想の子育てが、自分を追い詰めたと思っている。

母親は、親戚や他人から「ちゃんと子育てしているのね」と褒められるために子育てをしていた。自分は母のアクセサリーだったと思う。また、母親は娘に自立をうながすのではなく、「ずっと母親のそばにいろ」というメッセージを送っていたと感じている。娘に「幸せになって欲しい」という一方で、「何になりたい」「これをしたい」と娘が言うことは全部、あれもダメ、これもダメと否定してきたのだから。

就職活動に失敗した要因も、母親の子育てにあると思う。小学校時代から大学進学まで、すべて母親が決めた通りに従ってきた。つまり自分で「こういうのが好き」、「これをしたい」と主体的に考えたことがなかった。そのため、自分でやりたいことを考え、仕事を探すというイメージがわかないまま就活をしていた。だからグループディスカッションでも、面接でも、ろくに答えられず、どこにも採用されなかったのだと思う。

ひきこもり期間には、母にそういう育てられ方をしたことを恨んだが、いま振り返ると、「母も、祖父母にそういう育てられ方をしてきた」ということに気づいた。母の時代はそれでよかったが、いまはそれでは生きていけない。

ここ数年、やっと母親にいろいろと口答えできるようになってきた。最近になって、初めて母親が、「自分も年老いてきているのに、子どもが仕事もせず家にいるのはおかしい」と言うようになった。

いまは家にいること自体がストレスなので、少しでも早く就職して一人暮らしをしたい。実は契約社員として働いているときに一人暮らしをしたが、退職して一人暮らしを続けられず、家に戻っているからだ。ただ、ひきこもっている時間が長かったので、まずはアルバイトから、それもパン作りなどのモノ作りから始めたい。

仕事ができるようになったら、いずれは結婚したいが、子どもは産みたくない。自分の子ども時代には楽しい思い出がないからだ。自分も、母と同じような子育てをするのではないか、ということを恐れている。

筆者の感想

田中さんは、「もし会社で揉め事がなかったら、最初の事務の仕事をそのまま続けていたと思う」と言う。だが、その仕事も非正規であり、ずっと続けられたかどうかはわからない。インタビュー中、田中さんは何度も「自信がない」と言った。話はわかりやすく筋道を外さず、質問にも的確に答えているにもかかわらず、「間違った言葉の使い方ですか?」とか、「私の言うことがわかりますか?」と何度も確認していた。

田中さんは自分を振り返り、こう反省する。「就職を希望しない者も含めて、大学生は必ずキャリアセンターに行って、自分のことを話させるべきである。行かなかった自分が悪かったが、私のような課題を抱えている学生ほど、キャリアセンターや人には相談しない。私には、身近に相談できる人や信頼できる大人は誰もいなかった。親と関係がよくない場合、とくにそうだと思う。もしキャリアセンターに行くのが義務だったら、私も行ったかもしれない。そうしたら、違う可能性も見つけられたかもしれない」と言うのだ。

田中さんには相談できる友人もいない。ひきこもりだした当初は、友人と会ったこともある。その後ひきこもりが長くなるにつれ、大学時代の友人がメールをくれても、自分からは返事をしなくなっていった。友人たちが順調に仕事や結婚をしていくなかで、自分には報告することもなく、会えば惨めなだけだと思ったからだという。田中さん曰く、「ようするに友人からすると、私が無視しているわけで。そのうちメールも来なくなりました」。

ところで、田中さんが若者サポートステーションにつながったのは、最初の精神科の選び方が大きなカギになっている。最近は精神科の開業医も増えているが、ソーシャルワーカーがおらず、就労支援の仕組みもあまり知らない医師のところに行っていたら、薬を処方されて終わりだったかもしれない。適切な病院を選びだしたのは、田中さんの賢さゆえである。

だが、その賢く、ソーシャルワーカーの存在の重要性を知っていた人でも、「仕事探し」＝「ハローワークに行く」しかないと考えていた。ひきこもり期間も長く、自信を失っている田中さんには「ハローワークに行く」ことは、あまりに難しく思え（「行くのが怖い」と答えていた）、一歩踏みだすことができなかったのだ。

しかも病院に紹介されるまで、田中さんのような人を支援してくれる、若者サポートステーションという施設があることも知らなかっただけでなく、条件があえば自立支援医療制度の利用で、医療費負担が軽くなることも今回初めて知った。つまり、ひきこもり状態から脱するための方策を教えてくれる人は、彼女の周りに誰もいなかったのだ。

就労支援者に聞くと、最初は「パン作りをしたい」「ケーキ作りがしたい」という女性が多いそうだ。「対人コミュニケーションがいらず、作業さえしていればいいと考えているから」だという。田中さんもいじめられた経験があり、人と深く付き合うのが怖いという。

やっと外に出て他人と話をするようになったばかりで、自分に自信を取り戻すにはもう少し時間が必要だろう。カウンセラーも、サポートステーションとの関係を継続し、あせらず確実に彼女が自立への道を歩むことを望んでいる。

だが、サポートステーションと来訪者のつながりはくもの糸のように細い。ある日突然、来なくなる人もいるという。田中さんが体力と自分への自信を取り戻しながら、また社会に居場所を見つけることができればと願う。

斎藤さん（仮名・20代半ば）

私立芸術系大学の映像関係の学部を卒業後、大手メーカーの正社員として就職。機械部品を組み立てる製造ラインで働いていたが、1年半で辞めて実家に戻る。その後、希望する仕事になかなか就けず、一年近く無業状態が続いているため、自分で若者サポートステーションを見つけてやってきた。両親と同居。父親はすでに退職し、母親はパートで働いている。

① これまでの経緯

大学では映像専攻だったので、アニメやゲームをつくる仕事に就きたかった。しかし、教員からテレビや映像関係の業界の長時間労働の実態を聞き、趣味の時間を確保したい自分には無理だと断念した。正社員求人があったメーカーに就職し、部品の組み立てラインで、日勤と夜勤を1週間交代しながら働いていた。

最初の話では他県の工場で研修後、自宅から通える工場に移る予定だったが、人手不足からそのままそこの工場に配属となり、工場近くの社員寮で生活していた。自宅に戻りたかったこともあり、1年過ぎたごろから両親と転職の相談をしていた。

会社を辞めようと思ったきっかけは、有給休暇の申請を却下されたことだ。人手不足でラインがギリギリの人数で回っており、1人でも休んだらラインが止まってしまうと言われ、却下されたのだ。

人間関係にも問題はなく、パワハラもなかった。ただ、明らかに人手不足であり、このままではずっと有給も取れないし、病欠もできないと思ってしまった。会社からは引き留められたし、自宅から通える工場への転勤も打診されたが、そこは3交代で朝までの深夜シフトもあると聞いて、退社を決めた。

きちんと有給が取れる環境であったら、他県の工場であっても続けていたかもしれない。

なぜなら工場での勤務自体は、いやな仕事ではなかったからだ。

②　若者サポートステーションに来たきっかけ

会社を辞めてから大学の教員に会いに行った。仕事を紹介してもらったが、残業が多いと聞き、断った。それ以降、大学には行っていない。大学に来る映像制作などの仕事は長時間労働が常態化しており、自分の希望とは違うからだ。

一度働いた経験があるので、自分で残業は月に20時間までと決めている。趣味のアニメや映像制作に時間を取りたいからで、いまも家ではパソコンであれこれ制作している。

大学には各学部に専属のキャリアカウンセラーがいたので、学生時代に一度行ったことがある。だが何を話していいかわからず、一時間ずっとだまっていたら、男性のカウンセラーから「人間としてダメではないか」といったニュアンスのことを言われ、強いショックを受けた。自分を否定されただけで、なんのアドバイスも得られなかった。それ以来、不用意に就労支援機関に行って、また人格を否定されるのはいやである。

若者サポートステーションは自分で見つけた。パソコンは得意なので、就労関係で何か支援機関はないか調べていたら、自分のような無業の若者を支援する場所があることを知った。自宅の近くに別の若者サポートステーションがあるが、ホームページを検索したところ、いまの若者サポートステーションは雰囲気が柔らかく、何をするのかわかりやすく説明してあり、かつ女性スタッフがいるということで選んだ。

男性のキャリアカウンセラーへの苦手意識は持ち続けている。ここではみな優しく、自分を否定されないし、いろいろと教えてくれるのがいい。ハローワークは求人票と実際の勤務条件が違うところが多いという噂を聞き、行っていない。

③ 家族との関係、今後の展望

父親がすでに退職しているので、自分が働かなければいけない。無業状態のいまでも、学生時代からアルバイトで貯めてきた貯金を取り崩して、家には月5万円入れ、さらに国民年金も自分で払っている。自宅から通いたいのは、家にお金を入れる必要があるからだ。親は就職活動にあれこれ口を出さないので、相談もしていない。

これまで人間関係でいやな目にあったことはないが、人と話すことが苦手なことは自分でもわかっている。

パソコンを使った映像処理などのデスクワークの仕事を希望しているが、若者サポートステーションに来て、パソコンを使った仕事、映像関係の仕事といっても、学生時代には知らなかった様々な仕事があることを知りつつあるところだ。まずは自分の希望職種や職業の幅を広げ、これから自分がどういう働き方をするか、そういう働き方が可能な仕事は何かを模索している途中である。

家族からは早く働けとも言われないが、アドバイスもない。しかし生活費は必ず入れないといけない。結婚したいとは思っていない。それよりも職人のように、その分野のプロになりたい。そもそも子どもが苦手で、育児のイメージもわかないし、母もずっとパートで働き続けてきたから、専業主婦になりたいと思ったことはない。

筆者の感想

インターネットで情報を検索する能力に長けていたことから、斎藤さんは若者サポートステーションにつながることができたが、普通の人ではそこまでできないだろう。

いまのところ順調に再就職に向けて準備を進めているが、最初の正規の製造業の仕事を退職したことが残念でならない。人と話すことが苦手な彼女にとっては、人間関係のトラブルもなく、製造ラインの仕事は働きやすい職場だったようだ。同じ作業を集中して繰り返し行うことを苦としない斉藤さんは、いい社員であったろう。シフト勤務で残業がないことも、趣味に時間を取りたい彼女にはぴったりだった。しかも社員寮があったので、実家にお金を送ろうと思えば、送れるゆとりもあったようである。もう少し職場に人員的なゆとりがあり、有休も取れる状態であれば、斉藤さんは働き続けていただろう。

　筆者は所属学部の卒業生が社会人3年目になるまでアンケートを継続して取っているが、彼ら若手社員の職場満足度に大きな影響を与えているのは、適切な残業時間のコントロールや有休を取れるかどうかである。人手不足の状態で有休も取れなければ、いつまでたっても若手が定着せず、常に採用・訓練をしなければならないし、永遠に人手不足は解消せず、現場も疲弊してしまうだろう。一方、辞めるほうもまだ若いため、すぐに次の仕事が見つかると思っており、簡単に正規職を手放しがちである。

　斉藤さんは、就職先としてPCを使った様々な職種を模索中である。IT業界は全般的に人手不足で、求人はあるが長時間労働になりがちな職場でもある。かりに再就職できたとして、そこが彼女の希望通り、残業も多くなく、有給休暇もちゃんと取れる職場かどうかはわからない。

　人と話すことが苦手な点も心配である。初職を辞めたのをきっかけに、再就職先は決まるものの、また数カ月でそこを辞める、ということを繰り返す人もいる。なんとか斉藤さんが長く働ける職場に巡り合えることを、祈るばかりである。

太平さん（仮名・30代半ば）

進学校から地方国立大学の理系学部へ進学。転部、中退後、20代半ばで理学療法を学ぶ大学に進学。その後途中で専攻を変えて大学院に進学したが、体を壊し休学。3年かけてなんとか修士号を取る。無業のまま30代で卒業。卒業後はコンビニのアルバイトを始めるが、就業経験もないため就職活動もままならず、約1年前から若者サポートステーションに通所を始める。家族は父、母（専業主婦）、兄。いまは実家で両親と同居。

① これまでの経緯

大学は理系学部に入学したが、そこでの勉強に興味は持てず、次第に大学に行かなくなり、留年した。そこで専攻を変え、文系学部に転部したが、今度は年下の同級生に馴染めず、友人もできなかった。また大学に行かなくなり、留年する。結局5年半たった時点で、しびれを切らした親から「家に帰って来い」と言われ、戻ることになった。

今後どうするか考えていたとき、祖父が整形外科にリハビリに行く姿を見て興味を持ち、20代半ばで再び理学療法を学ぶ大学に進学した。だが実習で自分は理学療法士に向いていないと思い、専攻を変える。大学院まで進んだが、大学院1年生のときに病気になり休学。なんとか3年かけて修士号を取ったが、修士論文を書くのがやっとで、就職活動はできなかった。

卒業時には30代になっていた。結局、最初の大学と大学院も合わせて計12年、大学に在籍していたことになる。

無業で卒業した後は、大学4年のときにやっていたコンビニのアルバイトを始めた。少しずつ体力を取り戻そうとアルバイトの頻度を上げ、体力は戻りつつある。

② 若者サポートステーションに来たきっかけ

体力的に大丈夫になってきたので、卒業後1年たってから就職活動をしようと考え始めた。2年ほど前に、親に「もっとちゃんとできるだろう」と言われ、一度ハローワークに行ったが、殺伐とした雰囲気で馴染めなかった。まして就業経験もなく、病気治療中では自信がなくて、結局、何もできなかった。

そんなこともあり、親がどこか支援してくれる場所はないかと探し始めた。そして、行政の広報誌で若者サポートステーションを見つけたことがきっかけで、昨年夏から若者サポートステーションに通うようになった（このインタビューは、来所開始から1年数カ月後の初秋に行った）。

最初はサポートステーションもハローワークと同じように怖いところかと思っていたが、公的な場所で気楽に来ていいと言われ、安心して通えている。

③　家族との関係、今後の展望

いまはコンビニなどのアルバイトを2つ掛け持ちして、国民年金も払っている。実家住まいだが、親に月1〜2万円ずつ借金も返している。これまで大学に行かせてくれて、サポートステーションに通うきっかけを見つけてくれた親には、本当に感謝している。専業主婦の母親には「働け」と言われているけれど、きっと母親は、自分は働きたかったのに働けなかったから、娘には働けと言っているのだと思う。

できれば正社員で、9時〜5時の仕事で働きたい。サポートステーションで自分のこれまでを見直し、履歴書やエントリーシートの書き方、就職に向けての準備を進めてきた。そのおかげで契約社員だが、ある会社から内定をもらうことができた。

本当は公務員になって、地域・観光振興の仕事がしたい。昨年、筆記試験は通ったけれど、面接で落ちてしまった。今年もう一度トライして、ダメなら内定をもらった会社でがんばるつもり。正社員になるには、資格取得が必要なので勉強する。

ただ、自分は人見知りで、知らない人となかなか仲良くなれず、人間関係を構築するのが苦手なので、やっていけるか心配である。

若者サポートステーションに来るまで、行政が面接会やインターンシップをしていることと、ハローワーク以外に公的な就労支援があることを知らなかった。若者がよく来るコンビニなどにチラシや案内を置いて欲しい。求職者側も知る努力が必要だが、広報も足りないと思う。

高校時代は国公立大学に進学することしか考えておらず、世の中にどんな仕事があるか考えていなかった。将来就きたい仕事を考えて、大学選びもすればよかったと思う。昔は、しばらく働いたら結婚して辞めるものと考えていたが、いまは子どもを産んでも、働き続けたいと考えている。

2つ目の大学で知り合った人と付き合っている。私のこれまでのいきさつもよく知っている人で、いまは離れたところで自営業をしており、収入が不安定なので「必ず働いて」と言われている。もう30代も半ばなので、とにかく早く仕事を得て、数年以内に結婚して子どもを産みたい。

筆者の感想

太平さんはたいへん恵まれた家庭環境にある。12年も通った大学の学費を支払い、若者サポートステーションまで親が探しだしてくれたのだ。奨学金を借りなければならない状況であれば、大平さんは最初の大学の最初の学部で中退して、学生生活は終わっていただろう。

このように経済的に恵まれた家庭で育った学力の高い層のなかに、「自分のやりたいことは何か」「本当に学びたいことは何か」に迷い、転部や転学を繰り返し、大学を転々とする人がいる。そうしているうちに民間企業への、普通の就職が難しくなってくる人も出てくる。

また、こうした高学歴・無業の人のなかには、公務員試験を受けている、あるいは受けたいという人が一定数いる。太平さんのように優秀な彼・彼女らは、筆記試験には通るのだが、面接がうまくいかないことが多いようだ。

都道府県、市区町村によっては、公務員試験の年齢制限がかなり緩やかなこともあり、受験し続けている人もいる。そして気づいたときには、卒業後の無業期間が長く、職歴もないまま年だけ取ってしまったという人が出現してしまう。

太平さんのように人見知りが強く、人間関係をつくるのが苦手な人が、はたして地域・観光振興の仕事に向いているのだろうか。第一、公務員でそんな華やかな仕事をしている人はごく一部で、ほとんどはもっと地味で、市民から怒鳴られるようなこともある職場だ。それが耐えられるかどうかも疑問である。

太平さんの場合は、今年限りの挑戦と決めているようであるし、加えて、働くという意志も強い。就職がうまくいき、人間関係を乗り越えて新しい仕事になれ、交際相手と安定した結婚生活が送れるように祈るばかりである。

3. 大卒未婚無業の女性に出会って

20代前半から30代半ばの6人の未婚・大卒無業の女性たちの話を聞かれてどう思われただろうか。彼女たちは大学まで卒業したにもかかわらず、無業のままである。

「大学の支援がない」と学生はよく言うが、あってもキャリアセンターにも来ないというのも現実である。学生は目の前の楽しみや遊びに気を取られ、将来に向けて準備するという考えに至らないのだ。「そのときになって考えればいい」「ガツガツ就職準備をするのはカッコ悪い」「なんとかなる」と目の前の課題から逃げてしまう傾向が強い。

だが無業で卒業すれば、そんなことは言っていられなくなる。小泉さんは卒業後、何か支援はないか探していたが、見つけられなかった。一方、太平さんの「行政が面接会やインターンシップをしていることや、公的な就労支援があることを知らなかった。広報が足りない」という言葉は重い。若者たちにも情報を得る努力を課すならば、情報を発信する側もわかりやい、アクセスしやすい情報発信に努めるべきだろう。

この章の最後に、彼女たちの話から見えてきた論点をまとめてみよう。

① 自己責任か：大学は何かできるのか？

彼女たちは「何かが見つかる」と思って大学に入っているが、結局は働くことの意味や自立することの重要性などを理解できず、就業意欲や目的も持てないままに卒業してしまっている。きちんと就職できている学生の方が多い現状では、本人の責任とも言えるだろうが、それですませていいのだろうか。

そもそも大学は、学びたい子が自主的に学ぶところという建前であり、働くことや自立することを学ぶ授業はない。だが、実際には少子化のなか、大学進学は容易になり、田中さんの言うとおり、自分の偏差値にあわせて学校を選べば、試験を受けずに推薦で大学に進学できるチャンスが拡大している。つまり一度も自分は何をしたいのか、将来はどうしたいのかを考えないまま、親や教師に言われるままに大学に進学する学生が増えているのである。

今回の女性たちの状況を見ると、大学時代に自分たちのライフプランや働くことの意味を学ぶチャンスを与えることが必要だと思われる。

② 親との関係

新卒時の就職がうまくいかなかった学生のなかには、ときどき就職の話は二度と聞きたくないと、頑なになる子もいる。学校からの就職あっせんの電話にも出ないし、親がなんとかしようとしても、就職の話になると取り乱して暴れる子もいる。就職活動がうまくいかなかったことで、社会から全否定されたような気になっているからだ。そうすると、親も子どもにあれこれ言うのを遠慮するようになり、何年かたつうちに、気がつくと親子の関係がすっかり疎遠になっていることもある。

また時代の変化のなかで、親の経験がもはや子どもには役に立たないということもあるかもしれない。今回ヒアリングした女性たちの母親たちは、いまのような就職活動をしたこともなければ、娘に教えられるような会社での就業経験がない。親とコミュニケーションが取れていても、親が具体的な職種や就職活動についてアドバイスができる訳ではない。

とはいえ、彼女たちがどうして、もっと相談できる人や場所を探そうとしないのかという点については不思議である。

③ 仕事へのネガティブなとらえ方

最初に紹介した2人の女性たちの仕事へのネガティブなとらえ方には、どう反応したらいいのかわからないほどである。そういう考えになるのは、そもそも仕事や報酬の持つ意味や、達成感、人間関係など幅広い経験を積むチャンスがないままに、狭い経験のなかで働くことをとらえているからであろう。

仕事＝「いやいやしかたなくすること」と考えている彼女たちが、腰をすえて職探しをし、仕事を得、そしてそこで継続して働くことができるだろうか。少なくとも大学時代から仕事や働くことへのポジティブな考え方に触れさせることが必要だろう。だが仕事へのとらえ方が変わるかどうかは、本人次第だ。

④　彼女たちの経済的自立

２０１０年の国民生活基礎調査の分析によると、20～64歳の単身女性の３人に１人が貧困状況にあるとされている。要因は、女性の非正規化が進んでいることや、育児や介護によって就業を中断しやすいことなどが挙げられている。

今回出会ったすべての女性に共通するが、本人の所得は殆ど無い。一人でみれば貧困であるが、家族と住んでいることでそれは見えない。無業のまま親の家に住み続ければ、いずれ親の介護を担うことになるかもしれない。親亡きあと、兄弟たちは彼女たちが親の家に住み続けることを許すだろうか。

では、彼女たちに結婚という解決策はあるだろうか。無業で自分に自信が持てず、社会との関わりがほとんどない女性が、婚活に積極的に取り組めるだろうか。

たった数人に会っただけで、結論めいたことは言えないが、今回出会った女性たちは、なんとかして自立できる仕事を手に入れないと、将来の貧困状況は避けられないだろう。家にこもっていては、誰にも会えない。「女性だから無業でもいいんじゃない」と放っておくと、彼女たち自身の人生にも社会にも大きな禍根を残すことになるだろう。

⑤　存在が伝わらない就労支援機関

彼女たちのような若年無業者を支援する機関としては、若者ハローワーク、若者サポートステーションなどがあるが、そこまで行きつける人はごくわずかだ。小泉さんは、市役所に行ってはチラシを見て、雇用関係のセミナーや何か支援がないか探していたというが、2年近く何も見つけられず、若者サポートステーションのことは知らなかった。大平さんが提案してくれたように、無業の若者が集まりやすいコンビニなどに、就労支援機関のチラシを置くのもいいアイディアであろう。

⑥　若者サポートステーションの課題

厚生労働省のホームページを見ると、若者サポートステーションとは「働きたいけど、どうしたらいいかわからない」「自信が持てない」「人と話すのが苦手」といった若者に、就職や自立に向けて一歩踏みだしてもらおうと開設された場所である、と書かれている。

事業開始当時は34歳までが対象であったが、現在では39歳までが対象となっている。全国に160カ所あり、2015年度ののべ相談件数は約32万件、利用登録者は約2万7000人（男性約1万6000人強、女性1万人強）である、うち1万5000人強が就職しているが、その内訳は、非正規が約1万1000人、正規が4000人強となっている。

ただし、若者サポートステーション（通称・サポステ）によって支援内容も様々で、ホームページの情報も十分でない。筆者のように知識がある者でも何をしてもらえるのかが不明確で、丁寧な支援が受けられるという確信を持つことができないサポステのホームページもあった。

さらに「まずは親だけの相談もOK」のところもあれば、「必ず本人が来ること」というところもある。また、「アルバイトから正規に替わりたい人」の相談ができるところもあれば、「アルバイトをしていたら相談は受けない」というところもある。それぞれに個性があるといえば聞こえがいいが、自分が相談できるのかどうかも、注意深く情報を読み込まないとわからない。

そんな状況では、就労につまずき、悩んでいる若者が訪れるのはとても難しい。サポステへの来訪者には大卒者が多いというのも、それが要因の一つと考えられる。

実はサポステの支援対象者の範囲は、それぞれの事業所によって大きく違う。というのも、「サポステ」が法律で位置づけられてから、国が求める支援対象層が短期間で変化してきているからだ。

厚生労働省は、いつまでも無業状態の若者がサポステに滞留するのはよくないと、サポステに「登録者の就職率を引き上げる」という目標を持たせるようになった。それによって登録者の就職率は上がったのだが、今度はパートなどの非正規雇用比率が高い（7割以上）ことが批判対象となり、いまでは「正規雇用の促進」が目指されることになった。その影響から、運営主体の考え方によって、サポステが支援する対象者に大きな違いが出てきている。

事業所によっては、就職率を上げるために、抱える課題が小さく、就職しやすい若者の相談だけを受けて登録させるが、無業状態が長期間にわたっているとか、問題状況が複雑で支援が困難な若者の登録は受けない、というところもあるという。

国の方針に従えば、先に挙げた無業の女性のうち、確実にサポステの支援が受けられるのは無業状態が2年の小泉さんだけになる。田中さんは無業期間が長く、30代半ばで、かつ本人が「アルバイトから始めたい」と言っているので、支援対象からはずれてしまうだろう。

実は、厚生労働省が方針を変えるたびに、それに応じて支援対象層を変えるサポステがある一方で、厚労省の方針に関係なく、難しい課題を抱える若者を受け入れるサポステもあるため、自分が支援を受けられるのかどうかがわかりにくくなってしまっている。

また近年では、ほかの機関とすみわけをするために、サポステの支援対象層が「ニート等」と明確に限定された。ニートは「仕事もせず、職業訓練も受けず、学校にも通っていない者」なので、学校在籍者は対象外となっている。

筆者は学校在籍者が支援対象から外れることは問題だと思っている。いまの大学には、様々な課題を抱えた学生が入学してくる。学校になじめず不登校になったり、保健室登校をする大学生もいる時代である。

そして就職困難層には、たとえば発達障碍の学生もいる。学力的にはまったく問題はないが、面接試験などにうまく対応できず、就職活動を続けることが困難になったり、たとえ就職できたとしても、さらに困難にぶつかることは、周りがうすうすわかる場合があるのだ。

本人や保護者が、本人の特質について理解している場合は難しくない。だが本人も保護者もそれを認めない場合、対応が難しくなる。大学のカウンセラーが適切な保健・医療機関に相談に行くことを勧めることすら困難なのだ。

このように大学の就職課やカウンセラーだけでは対応が不可能な、様々なリスクや困難を抱える大学生が、現実にいる。だからといって、彼・彼女らをそのまま卒業・中退させてしまっていいわけがない。社会に出ることや就職に悩む幅広い若者が行く場所があり（たとえば在学中からサポステにつなぐことができ）、適切なカウンセリングで自分の特質への理解が進めば、自分に合った仕事に就くこともできて、大学から職場への移行もスムーズになるだろう。

こうした現状を受け、横浜市ではサポステの窓口が生活困窮者自立支援の窓口も兼ねている。在学中の大学生も含め、様々な立場の若者を、とにかく窓口に来れば逃さずキャッチできるように努めているのだ。

大卒無業者を無くすためには、在学中から専門機関のフォローが必要な学生がいる。ある大学の就職支援担当者も、「どんなに働きかけても大学の窓口には来ない者がいる。様々な課題を抱える若者を、立場を問わずいったん受け入れてくれ、つながりを持ち続ける包括的な窓口が社会に必要」であると述べている。

第4章

女子大生の夢と現実

3章の大卒未婚無業女性へのインタビューをして筆者が気づいたことがある。それは、就職活動をした者、そもそも就職活動をしなかった者に関係なく、彼女たちが大学時代に、働くことや自立することの意味や必要性について、まったく考えていなかったということだ。

何がしたいのか、なぜ働くのか、本当に働きたいのか。彼女たちは、そうしたことがわからないまま、中ぶらりんの状態で就職活動に入った。その結果、適切な初職に巡り合えなかったり、職場でつらい経験をして働くことを忌避するようになったり、就職活動を途中でやめてしまったり、最初から就活に取り組まずに無業で卒業することになっている。そうして結局、無業のまま、あるいはアルバイトの不安定な状態のまま、何年も過ごしてしまったのだ。

就労支援機関にもつながらない彼女たちは、働くことの意味を深く考えることを避け、働くことを否定的にとらえる傾向が強い。周りにいきいきと働く大人や見本となる女性がいないことも背景にあるようだ。そして長く無業でいる間に、次第に自分の人生や将来について考えなくなるようであった。

もちろん、彼女たちが本気で働いて社会に居場所を獲得し、自立して生きたいと考えても、女性の非正規化が進むなかで、現状では安定した仕事に就けるかどうかは別の問題として残る。

それは、次章で取り上げる既婚子持ちの母親たちの、「子育てのためにお金がいる」という明確な働く目的があり、職業経験や辞めた理由、再就職への悩みを自分の言葉できちんと説明できる姿とは対照的である。

新卒時に自分なりに考えて就職活動をし、その結果、初職に就いて就業経験を積むことができていれば、たとえそれが自分の適職でなく、いやな経験であったとしても、それを自分の経験値にすることができるだろう。たとえその後、無業状態になったとしても、そうした経験があれば、働くことや生き方への考えは大きく違ったのではないだろうか。

仕事観、人生観を養う場にいる現役の女子大生は、働くこと、結婚・子育てなど、自分の人生をどのように考えているのだろうか。この章では京阪神の大学に通う女子大生に行った調査を取り上げ、彼女たちの希望するライフコースについて紹介しながら、現実とのギャップについて考察を加える。

1．女子大生調査の概要

今回使用するデータは筆者が実施した『女子学生の結婚と出産に関する意識調査』で得たものである。調査期間は2012年の10月から2013年の2月で、調査員が担当教員の許可を得られた各大学の授業に訪問し、調査の目的を説明したうえで学生に調査協力を依頼した。調査に同意した学生のみが調査票に記入し、その場で調査員が調査票をすべて回収している。

結果、京阪神（京都・大阪・兵庫）の25大学で18歳から24歳までの女子学生1350人に調査票を配布・回収し、うち1113人分が有効回答の調査票であった。

表1　回答者の所属大学先

大学分類	共学（人）	女子大学（人）	合計（人）	大学と短期大学の割合	全国の女子学生の割合（参考）
大学	566	327	893	80.2%	89.8%
短期大学	175	45	220	19.8%	10.2%
合計	741	372	1,113	100%	100%

資料：全国の女子学生の割合は文部科学省（2012）「学校基本調査」より

調査内容は、Ⅰアルバイトや奨学金・家族などの状況、Ⅱ結婚に対する意識や交際状況、Ⅲ妊娠や出産に関する知識の有無、の３つの項目に分類されている。調査票のⅠは日本学生支援機構の『平成22年学生生活調査』、Ⅱは国立社会保障・人口問題研究所の『出生動向基本調査』（独身者表）を参考に作成し、Ⅲは筆者が質問を作成した。ここでは調査票のⅠアルバイトや奨学金・家族などの状況、Ⅱ結婚に対する意識や交際状況、の部分のみを取り上げる。

回答者が所属する大学数の内訳は４年制大学が20校、短期大学が5校、そのうち共学は16校、女子大学は9校であり、すべて私立大学である。その人数は表1にまとめた。全国の女子学生の２０１２年度の状況を見ると（文部科学省 2012）、大学で約１１０万人、短期大学が約12・５万人であり、女子学生全員に占める短大生の割合は10・２％となっているが、この調査回答者に占める短大生の割合は19・８％と多くなっている。

さらに表2からわかるように、回答者は１、２年生が多い。これは短大生が多かっただけではなく、大学の1、2年生の一般教養講義等では多数の回答者が確保できるが、3、4年生の場合はクラスが小さく、調査協力者の確保が困難であったためである。

2．女子大生の理想と実際になりそうなライフコース

まず、女子大生たちに自分たちの理想と実際になりそうなライフコースについて聞いてみた。ライフコースの選択肢は6つで「結婚せず仕事を続ける」（未婚コース）、「結婚するが、子どもは持たず、仕事を続ける」（ディンクスコース）、「結婚し子どもを持つが、仕事も続ける」（両立コース）、「結婚し子どもを持つが、結婚あるいは出産の機会にいったん退職し、子育て後に再び仕事を持つ」（再就職コース）、「結婚し子どもを持つが、結婚あるいは出産の機会に退職し、その後は仕事を持たない」（専業主婦コース）、「その他・不明」である。

表2　回答者の学年・年齢分布

学年	割合	年齢	割合
1年	31.9%	18歳	11.3%
2年	35.4%	19歳	28.8%
3年	19.0%	20歳	31.0%
4年	11.4%	21歳	19.8%
5年以上	0.4%	22歳以上	8.9%
無回答	1.7%	無回答	0.3%
合計（実数）	100%（1,113人）	合計（実数）	100%（1,113人）

この結果を2010年に全国の女性を対象に国立社会保障・人口問題研究所が実施

表3　「京阪神の女子大生」と「第14回出生動向基本調査」の理想のライフコースの分析比較

	京阪神の女子学生	第14回出生動向基本調査
結婚せず仕事を続ける	3.5%	5.6%
結婚するが、子どもは持たず、仕事を続ける	3.1%	3.3%
結婚し子どもを持つが、仕事も続ける	34.9%	37.6%
結婚し子どもを持つが、結婚あるいは出産の機会にいったん退職し、子育て後に再び仕事を持つ	37.3%	34.7%
結婚し子どもを持つが、結婚あるいは出産の機会に退職し、その後は仕事を持たない	19.6%	15.3%
その他・不明	1.7%	0.0%
人数（100%）	1,113人	763人

（注）「第14回出生動向基本調査」の数値は「女性で学生」とされている公開データから筆者が再計算したもの。

表4　「京阪神の女子大生」と「第14回出生動向基本調査」の実際になりそうなライフコースの分析比較

	京阪神の女子学生	第14回出生動向基本調査
結婚せず仕事を続ける	16.8%	14.9%
結婚するが、子どもは持たず、仕事を続ける	2.3%	2.2%
結婚し子どもを持つが、仕事も続ける	23.7%	27.9%
結婚し子どもを持つが、結婚あるいは出産の機会にいったん退職し、子育て後に再び仕事を持つ	38.7%	37.7%
結婚し子どもを持つが、結婚あるいは出産の機会に退職し、その後は仕事を持たない	15.9%	12.6%
その他・不明	2.5%	0.0%
人数（100%）	1,113人	763人

（注）「第14回出生動向基本調査」の数値は「女性で学生」とされている公開データから筆者が再計算したもの。

した『第14回出生動向基本調査』の結果と比較してみよう。まず、表3には「自分の理想のライフコースはどれか」を聞いたものをまとめた。

表3を見ると、京阪神の女子学生が理想のライフコースとして最も選んでいるのが、再就職コースである。出生動向基本調査では僅差ではあるが、両立コースが最も支持されている。京阪神の女子大生と全国の調査との違いは、数%の差ではあるが、京阪神の方が「未婚コース」と「両立コース」が少なく、「再就職コース」「専業主婦コース」が多くなっている。

それでは実際に自分がなりそうなライフコースはどうなっているのだろうか。表4にまとめた。まず目を引くのは京阪神の女子学生も出生動向基本調査もいずれも未婚コースが大きく増えることだ。表3で見たように、理想のライフコースとして未婚コースを選んでいる者は数%にすぎない。それが実際になりそうなライフコースでは、京阪神の女子で16・8%、出生動向基本調査でも14・9%と大きく増える。

この未婚コースが増える代わりに減るのが、京阪神の女子大生、出生動向基本調査ともに「両立コース」と「専業主婦コース」である。そして最も選ばれているのが京阪神、出生動向基本調査ともに、再就職コースとなっている。

理想のライフコースとして、出生動向基本調査で一番多かった「両立コース」だが、実際に両立できると考えている人は少ない。巷には両立がいかに難しく、大変かという記事や話が溢れているからだろうか。一方、京阪神で目立った「専業主婦コース」だが、それを実現するには経済的な条件、つまり高収入の夫がいないと難しいだろう。実際、若い男性の所得は、この20年間伸びていないどころか、逆に低下している。女子学生には、高い収入の男性はそんなに多くないとわかっているのだろうか。

それでは年収の高い男性と結婚すれば、働かずに済むだろうか。

実は筆者は、大阪の結婚相談所に登録する年収1千万円以上の独身男性3人の話を聞いたことがある。この30代の3人とも驚くべきことに「ちゃんと自分の食い扶持ぐらいは自分で稼げる、働いている女性と結婚したい」と話したのである。一人は自営業の経営者であり、「自営業は浮き沈みがあって何が起こるかわからないから」という理由であった。

そして3人が異口同音に、「紹介されて会う女性全員が、一番最初に金のことを聞く。金目当てではなく、自分一人でも生きていく力はあるが、人生を共にするパートナーが欲しいという人に会いたい。金のことばかり聞く何人もの女性に会う間に、経済的に男に依存して当たり前と思っている女性とは結婚したくない、と思うようになった」というのだ。専業主婦の妻を養える高額所得の男性であっても、必ずしも全員が専業主婦の妻を求めているわけではない、という事実を知ることになった。

ちなみに、なぜ実際になりそうなライフコースで「未婚」が増えるのかの理由については定かではない。だが、3章で取り上げた若年無業女性のインタビューでも、彼女たちが「自分は結婚できないと思う」と答えていることが思い出される。

実際のところ、女性の生涯未婚率は2010年には10・6%であったが、2015年には13・2%と増えている。生涯未婚率とは50歳時点で一度も結婚したことのない人の割合であるが、未婚無業の女性たちは、こうしたことを知って発言しているのだろうか。

3．母親の影響

それでは彼女たち女子学生のライフコース選択の意識はどうやって形成されるのだろうか。3章の若年無業の女性へのヒアリングでは、親のことも聞いたが、どの女性も子どものころから、親から「仕事や働くことへの意識づけをされたことがない」と答えている。さらに聞くと、働くことに否定的な女性は家族関係も希薄であった。

しかし、それはあくまでも彼女たちからの言い分であり、もしかしたら、無業状態が長期化している娘に、親自身がどう対応していいのかわからず、距離を置いているのかもしれない。

岩澤（1999）は、1987年、92年、97年に実施された『出生動向基本調査』の25〜34歳の未婚女性の理想と予想のライフコースのギャップを分析し、「母親が仕事と育児を両立」しているると、女性の両立実現の可能性を高めると分析している。

京阪神の女子大生調査では、母親の就業状況についても聞いている。そこで、女子学生の理想のライフコースや実際のライフコースについて、母親の就業状況別に見た結果を表5にまと

表5　母の就労状況別の女子大生の理想のライフコース

	未婚	ディンクス	両立	再就職	専業主婦	合計人数
母親が正規職	1.0%	3.6%	49.5%	33.3%	12.5%	192人
母親がパート	4.0%	2.7%	33.0%	43.9%	16.4%	403人
母親が派遣・契約	6.0%	4.0%	42.0%	38.0%	10.0%	50人
母親が自営業	2.8%	1.8%	37.6%	38.5%	19.3%	109人
母親が無職・家事	4.5%	4.1%	26.9%	31.8%	32.6%	242人
合計	3.5%	3.2%	35.6%	38.1%	19.6%	996人

P=0.000

（注）この比率計算では、自分の理想のライフコースがその他・不明の者、母親の就業状況がその他・不明の者は抜いている。

めてみた。

縦軸に母親の就業状況を、正規職、パート、派遣・契約、自営業、無職・家事という5分類で示した。横軸には、それぞれの就業状況の母親を持つ女子学生が、自分の理想のライフコースとして何を選んでいるかを示している。

たとえば、母親が正規職の女子学生192人のうち、理想のライフコースとして「両立コース」を49・5％の人が選んでいる。一方、母親がパートである女子学生403人が、一番選んでいるのが再就職コースで43・9％、また、母親が無職・家事である女子学生が一番選んでいるのは、専業主婦コースで32・6％である。つまり、母親の就労状況別に見ると、娘たちは母親の

表6　母の就労状況別の女子大生の実際になりそうなライフコース

	未婚	ディンクス	両立	再就職	専業主婦	合計人数
母親が正規職	16.0%	2.7%	38.3%	31.4%	11.7%	188人
母親がパート	18.0%	2.7%	21.4%	43.9%	14.0%	401人
母親が派遣・契約	18.0%	4.0%	26.0%	48.0%	4.0%	50人
母親が自営業	16.5%	0.9%	26.6%	38.5%	17.4%	109人
母親が無職・家事	18.6%	2.1%	17.4%	39.7%	22.3%	242人
合計	17.6%	2.4%	24.4%	40.1%	15.5%	990人

P=0.000

（注）この比率計算では、自分の実際になりそうなライフコースがその他・不明の者、母親の就業状況がその他・不明の者は抜いている。

生き方を理想の生き方として最も多く選んでいることがわかる。

この結果は、母親が一番身近な見本だからなのか、母親が自分のライフコースを理想のものとして娘に教えているからなのかどうかはわからない。しかしこれを統計的に見ると、母親の就業状況が女子学生の理想のライフコースに影響していることがわかるだろう。

それでは、女子学生が考える自分が実際になりそうなライフコース分布はどうなるのだろうか。こちらも母親の就業状況別に表6にまとめた。

この実際になりそうなコースでは、先に表4で見たように未婚コースの比率が上がる。また、母親が正規職である者で両立コースを選ぶ女子学生が減っており、母親が無職・家事であった女子学生も専業主婦を選択する比率が減る。とはいえ、統計的に見ると、やはり母親の就業状況が、女子学生の実際になりそうなライフコースの選択に影響を与えていることがわかる。

実は、インタビューした無業女性も筆者の大学にいる女子学生も言っていたのだが、彼女たちは多様な大人と出会う経験が少ない。周りにいる大人は親や兄弟、祖父母といった家族であり、自営業でもない限り、家族が働いている姿を見るわけでない（3章の無業女性のインタビューでは、親が自営であることは、働くことにプラスのイメージは与えていなかった）。せいぜいアルバイト先の社員と教員が、働いている姿を見る数少ない大人である。

彼女たちが接する数少ない大人のなかで、同性の母親の姿が影響力を持つのは自然な流れだともいえよう。だが、いまの女子学性の母親の多くは、バブル期前後に就職、結婚しており、そうした母親の生き方が、いまの学生にとっての正解の姿であるとは、思えない。

ところで、「自分が働くイメージを持ちにくい」のは、いまの学生の男女共通の課題である。とくに関西では、いい意味でいまだに大学街が残っており、それは大学時代をゆったりとした環境で過ごせる学生の特権でもある。一方で、そこはビジネス街とは隔絶しており、大学近くでバイトをすれば、客もバイト仲間も学生ばかり。しかもアルバイトは、飲食などのサービス業が多く、そこで働く正社員は長時間労働で疲れ切っていて、「正社員はかわいそう。社会人になって働くってつらい」というイメージを学生に抱かせてしまっている。だから学生たちは大学の高学年になって、やっと卒業後どうするべきか考えだすという状況なのだ。

筆者が子育てしながら働いてきたことを話すと、学生からは、「子どもを育てながら働き続けてきた大人の女性にあったのは、先生が初めてだ」「そんなの大変すぎてできない」「子どもがかわいそう」と決まり言葉を言われる。小学校、中学校、高校にも女性教員は多く、さらにそのなかの多くの人が子育てしながら働き続けていたはずだが、そういった話をする機会もなければ、学生自身、小中高時代には、将来どのような仕事をするかなど、真剣には考えてもいなかったのだろう。

そこで、筆者ではあまりに学生と年が離れすぎているため、子育てしながら正規職で働いている民間企業勤めの女性に学校に来てもらい、「子育てと仕事の楽しさ」について話をしてもらった。しかし、平日の昼間、職場から許されて大学にくる自由があり、人前で話も出来る女性は、ある意味、選ばれた人でもある。こうした、女子学生たちにとって遠い存在からの話が、どれほど学生たちの心に響いたかはわからない。

一方、男子は就業イメージが弱くても、「男は働くもの」と親からも言われ、本人もそう信じているため、就職すること自体には迷いがない。もちろん、実際には男子のなかでも、就職活動に粘り強く取り組むことができず、早々にあきらめてしまう学生が一定割合いることも確かである。

現代では、男子学生に比べ、女子の方がライフコースの選択肢は多く、働くのか、働かないのかから始まって、働き続けることが可能な仕事にするのか、数年働くだけでいいのか、というところまで考えて就職活動をしなければならない。そのため、就職において何を優先して仕事を選ぶかが決まらず、またその優先順位がころころ変わる。実際、就職活動にちょっと行き詰まると、「女子だから、アルバイトや派遣でもいいかなと思っている」と言いだす女子学生がいまだに何人もいる。

だが近年は、奨学金を借りている学生が多く、女子でもはっきりと「奨学金返済もあり、必ず働いて収入を得ないとダメ」という学生が目立つようになってきた。私立大学は授業料が高いため、なかには借り入れ金額が卒業時には４００~５００万円になる学生もいる。そうすると、たとえば月額３万円の返済を15~20年も続けるということなのだ。この調査でも奨学金を借りている者の場合、「両立コース」を選ぶ確率が高くなっていた。

4．女子大生の男女交際

① 結婚したいのか？

京阪神の女子大生のほとんどは、いずれは結婚したいと思っている。

実際、「結婚に利点はあると思うか」という問いに対しては、９割近くが「利点がある」と答えている。また、「子どもはいらない」という女子大生は、わずかに6％程度で、6割強の学生が子どもは2人、2割強は3人ほしいと答え、平均で見ると2・1人の子どもを希望している。

しかも「何歳で結婚したいか？」という質問には1022人が答えているが、回答には幅があるものの、平均では26歳である。「最初の子どもを持ちたいと思う年齢」は、平均で27歳である。

ところが、現実には女性の平均初婚年齢は2014年で29・4歳であり、第一子の平均出産年齢が30歳を超えている。大学の授業でそれを話すと、多くの学生が驚く。

調査に回答してくれた女子大生たちはちょうど1990年代前半の生まれである。母親は1980年代から90年代にかけて結婚した人の割合が高いと思われるが、当時の女性の平均初婚年齢は、85年は25・5歳、90年は25・9歳、92年は26歳、2000年は27歳で、母親たちはちょうど平均的に26歳ぐらいで結婚していた世代であろう。もしかしたら、彼女たちは母親の結婚年齢を聞いていて、そういうものだ、と深く考えずに回答したのかもしれない。

もし26歳ぐらいで結婚したいとすると、22歳で4年制大学を卒業した後、就職して3年の25歳ぐらいまでの間に相手を見つけることが必要になる。そういう現実的なことを彼女たちは考えていない。

普通、就職して最初の3年は、社会人としての基礎を固めるのに必死の時期でもあるのだが、実は、3年のうちに離職転職してしまう人が3割もいる。就職して1～2年はこの仕事でいいのかと迷い、辞めようかと悩む者は少なくない。卒業後1～2年の間に「先生に会いたい」と、突然、連絡が来る卒業生のほとんどは、「仕事を辞めたい」という相談である。

3年を過ぎれば離職率はぐっと下がり、社会人として落ち着いてくる。仕事が安定すれば、相手を探すゆとりも出てくるかもしれない。しかし、結婚してもいいと思える相手にすぐ出会うとは限らない。一方、30歳までには結婚したいという女性は多いので、仕事に慣れてきた25、26歳位から結婚相手を探すと、おのずと29歳ぐらいに結婚ということになるのだろう。

もし、女子学生の答えたように26歳ぐらいで結婚するとなれば、学生時代から相手を見つけておくことが重要かもしれない。

② 交際相手がいる？ いない？

ところが、三輪（2010）は、20～24歳では男性の34・8％、女性の23・7％、25～29歳では男性の20・3％、女性の11・3％が、「現在交際相手がいない」だけでなく、「いままで一度も交際経験が無い」ことを東京大学社会科学研究所が実施した調査から見つけ、いまの若者は、交際できる人とできない人に分かれてきていることを示している。

また、石井（2010）は「結婚したくてもできない」人の多い日本と、米国のデート文化の違いを取り上げ、米国ではダンスパーティーや卒業パーティーなど、中学校段階から異性間のデートを促進する行事があり、異性と交際する能力をつちかう機会があるが、日本では結婚適齢年齢ギリギリの時期になって、体験や練習もほとんどなしに婚活をしなくてはならない問題を指摘している。

また白波瀬（2011）は、高学歴層は学校や職場で知り合い、低学歴の者は家族親族、近所で知り合うが、とくに高学歴の女性については、大学が重要な結婚市場になっているという。

それでは、女子大生たちの交際状況はどうなっているのだろうか。必ずしも、女子大生が学生時代の交際相手と結婚する訳ではないのだが、先に挙げた石井の考えを借りれば、大学生時代の交際は、将来に向けての交際能力を養う機会となっているといえよう。

先の未婚無業女性のインタビューでも、交際経験のない人がほとんどであった。これは大学教員をしている筆者の勝手な観察にすぎないが、交際相手がいる女子学生は、その交際相手と結婚するのかどうか、仕事はどうするのか、就活を前にして、いろいろと考えるようになる。交際相手ができたのをきっかけに、自分の将来の選択肢に思いを巡らす深さは、お気軽な男子学生と比べ物にならない。大学時代に交際相手がいることは、単に男女交際の練習をするという側面だけでなく、女子学生にとっては、自分のライフコースや将来について真剣に考えるきっかけにもなっていると思う。

今回の調査でも、「恋人として交際している異性がいるか」の質問には、１１０５人の女子学生が答えてくれた。そのうち、交際相手がいるのは３７１人で全体の約3人に１人である。ちなみに『第14回出生動向基本調査』（２０１１年）では、「恋人として付き合っている異性がい

表7　主要属性別にみる交際相手のいる割合

属性		交際相手のいる割合	N（実数）	検定
全体		33.6%	1105人	
	女子大	27.6%	366人	**
	共学	36.5%	739人	
親と	同居	31.8%	762人	*
	別居	38.3%	303人	
アルバイト	していない	14.9%	74人	***
	している	35.0%	1030人	
年齢	18歳	23.2%	125人	***
	19歳	23.9%	318人	
	20歳	37.9%	343人	
	21歳	40.1%	217人	
	22歳以上	49.5%	99人	
親が	離死別していない	31.9%	951人	***
	離死別している	45.5%	145人	

***：P<0.001　**：P<0.01　*：P<0.05

る」と答えた女性は18〜19歳で26・0％、20〜24歳で36・8％である。一方、青少年研究会（木村 2016）が２０１２年に実施した調査では、16歳から29歳までの回答者のうち、女子で39・0％が「現在恋人がいる」、同じく32・1％が「恋愛経験有り」と答えている。

２０１５年に実施された『第15回出生動向基本調査』の結果概要によると、18〜34歳の未婚女性の27・3％が「恋人として付き合っている異性がいる」と答えており、これに婚約者がいる人も足すと、全体の30・2％となる。実は、この調査では、男女ともにこれまで最も交際相手がいない人の比率が高くなっていて、「交際している異性はいない」という未婚者は男性69・

8%、女性59・1%となっている。

表7には、女子大生のどのような属性が「交際相手がいる・いない」に影響しているのかをまとめてみた。検定ということところに（*）マークがついているのは、統計的に見て有意に影響がある、ということを示している。

たとえば、共学の方が女子大より交際相手がいる確率が高い。親と別居している方が交際相手がいる確率が高い（別居としているのは、必ずしも一人暮らしではなく、兄弟と一緒に住んでいるが、親は遠くにいる場合も入っている）。またアルバイトはしている方が、年齢は上の方が、親が離死別している（ひとり親家庭）方が、交際相手がいる確率が高い。

さらに、交際相手が「いる・いない」の確率がこのほかの要因でどの程度変わるか、という分析もしたが、やはり表7にあげた5つの要因が、それぞれ交際相手がいる確率を上げる影響力を持っていた。ただ、アルバイトに関しては、ほとんどの学生がアルバイトをしているなかで、アルバイトをしていない人はわずか74人しかいない。つまり、かなり特殊な学生とも考えられる。アルバイトが様々な出会いをもたらすことはあり得るが、今回のことだけで、アルバイトの有無が交際相手の有無に影響するといっていいかどうかは、わからないところがある。

③　交際相手とはどこで出会ったのか？

いろいろとデータを見てみると、大学の難易度の違いが、交際相手との出会いの場に違いを

表8　短大・大学・偏差値による4分類

偏差値による分類	短大	大学1（下位）	大学2（中位）	大学3（上位）
実数（N）	220人	157人	503人	233人

表9　交際相手とどこで知り合ったか

	学校で	学校以外のサークル・クラブ活動	アルバイト	幼馴染・隣人、友人・兄弟の紹介	合コンやナンパ・インターネット	その他・不詳	合計
全体	36.9%	16.4%	16.6%	14.8%	6.6%	8.7%	371人
短大	20.3%	3.8%	25.3%	26.6%	8.9%	15.2%	77人
大学1（下位）	33.3%	10.4%	22.9%	14.6%	6.3%	12.5%	44人
大学2（中位）	42.8%	16.8%	15.0%	12.1%	6.4%	6.9%	171人
大学3（上位）	43.0%	31.6%	7.6%	8.9%	5.1%	3.8%	79人

女子学生全体では $p=0.000$　短大生を抜いた大学生だけでは $p=0.041$

もたらしているようである。ちなみに「恋人として交際している異性がいる」かどうかには、大学の難易度の違いは影響していない。

そこで「恋人として交際している異性がいる」と答えた女子学生たちに、交際相手とどこで知り合ったのかを聞いてみた。

表8に大学と短大を分け、さらに大学を難易度別に3つに分け、それぞれに回答した女子学生が何人いるかまとめた（これは回答者1113人全員の内訳である）。大学3（難易度上位）は関西における私立トップ校グループのレベル、大学2（難易度中位）はその次の中堅校グループ、大学1（難易度下位）はそれ以下の難易度である。短

大の難易度は、大学1のグループと同じである。

これをもとに女子大生の所属する大学別に、交際相手とどこで出会ったのかを見たのが表9である。所属する大学によって交際相手と出会った場所が違うことがわかるだろう。

たとえば、全体では36・9％の女子学生が「学校で」、16・4％が「学校以外のサークル・クラブ活動」で知り合っている。だが難易度の高い大学3では、この2つが合わせて7割以上の出会いの場になっている。一方、短大ではこの「学校で」「学校以外のサークル・クラブ活動」の出会いは合わせて半分もなく、逆に「アルバイト」や「幼馴染・隣人、友人・兄弟の紹介」が5割強となっている。また、際立って短大生が少ないのが「学校以外のサークル・クラブ活動」である。短大生の場合は在学期間が短く、週当たりの授業時間数が多いため、学外活動に参加する機会が少ないことも考えられる。短大生にとっての大切な出会いの場は「友人や兄弟の紹介」であり「アルバイト」なのだ。

女子学生にはアルバイトの頻度についても聞いているが、短大生は大学生に比べアルバイトの頻度が高い。小嶋（2011）は、高校生のアルバイト状況を調査し、家計にゆとりが無いと、高校生段階からアルバイトをせねばならず、教育費を抑えるため4年生大学より短大に進学する傾向を確認している。

今回の調査でも、短大生はアルバイトの頻度が高くなっている。そうすると、授業が忙しいだけでなく、アルバイトに費やす時間が多く、とても「学校以外のサークル・クラブ活動」にいそしむ時間がないのかもしれない。

大学1と大学2はちょうど短大と大学3の間にある。これを統計的に見てみると、大学1、2、3の比較だけでも大学の違いが出会いの場に差をもたらしていることがわかるだろう。大学1も「学校以外のサークル・クラブ活動」での出会いが少ない。

この点について、大学間の大学生交流事業や大学生のインターンシップを兵庫県内で手掛けるNPOに尋ねてみると、「大学1のグループに入る難易度の低い大学の学生こそ、こういった活動に参加し、自信をつけてほしいのだが、コンプレックスがあるのか、自分の大学名も言いたがらず、学外活動に消極的である」とのことだった。つまり、そもそも大学1の場合、「学校以外のサークル・クラブ活動」に参加していないのかもしれない。

岩澤(2006)は結婚相手と出会ったきっかけについて、スウェーデン、フランス、アメリカ、日本、韓国の国際比較から、女性ではどの国でも高学歴者では「学校」や「学校以外のサークル活動」での出会いが多くなっていることを見つけている。

また、アメリカ以外の国では高学歴者の結婚確率は低いが、アメリカではそれが高いというのが現状だ。なぜなら、「在学中に結婚相手を探し、同類婚(同じ学歴や階層の人と結婚すること)する人が多い」からである。アメリカでは、大学は同じ学歴や同じ階層の結婚相手を見つける有力な「出会いの場」なのだ。

「婚活」という言葉を山田昌弘とともに編みだした白河(2012)は、早稲田大学の女子大生に

「同級生の男子学生は、社会人になると貴重な早稲田卒だ」と講義しているという。つまり、難易度の高い大学に通っている女子大生にとって、同級生は有力な同類婚の候補でもある、ということになる。

④ どんな人と交際するのか?

それでは、女子大生はどんな相手と交際しているのだろうか。表10に交際相手の学歴についてまとめてみた。交際相手の年齢は18歳以下が18名のみなので、調査時点の学歴がほぼ、交際相手の最終学歴と考えられる。ちなみに交際相手の年齢は15歳から42歳までで、平均年齢は21・9歳である。

表10を見るとわかるとおり、難易度の高い大学に通う女子学生の交際相手は、学歴も高い。理由は2つ考えられる。1つ目は、難易度の高い大学の学生ほど「学校で」や「学校以外のサークル・クラブ活動」で出会うので、同じような大学生と交際することになること。2つ目は女子学生の好みだ。実は、この調査では女子学生に「結婚相手を決めるとき、学歴をどの程度重視するか」を聞いている。すると、難易度の高い大学の女子学生ほど相手の学歴を重視している。先の質問は結婚相手に関してだが、そもそも最初から、大卒以外を交際相手としても考えていない、と考えられる。

次に交際相手の職業はどうなのだろうか? 表11にまとめてみた。

表10　交際相手の学歴

	中学	高校	専修・短大	大学・大学院	N（実数）
全体	2.0%	13.0%	8.1%	76.9%	346人
短大	4.7%	34.4%	14.1%	46.9%	64人
大学1（下位）	2.4%	19.5%	9.8%	68.3%	41人
大学2（中位）	1.8%	7.9%	8.5%	81.7%	164人
大学3（上位）	0.0%	2.6%	1.3%	96.1%	77人

女子学生全体ではp=0.000　短大生を抜いた大学生だけではp=0.005

表11　交際相手の職業

	正規職	パート	派遣・契約	自営業	無職	学生	N（実数）
全体	24.1%	5.9%	3.4%	0.8%	0.3%	65.4%	353人
短大	43.7%	12.7%	2.8%	2.8%	0.0%	38.0%	71人
大学1（下位）	21.4%	2.4%	9.5%	0.0%	2.4%	64.3%	42人
大学2（中位）	18.8%	3.6%	1.8%	0.6%	0.0%	75.2%	165人
大学3（上位）	18.7%	6.7%	4.0%	0.0%	0.0%	70.7%	75人

女子学生全体ではp=0.000　短大生を抜いた大学生だけでは有意差はなくなる

これ見ると短大生の交際相手に「正規職」や「パート」、つまり社会人が多いことがわかる。交際相手の職業に関しては4年制大学であれば大学間の差はない（4年制大学の学生だと、交際相手もほとんど大学生である）。しかし短大生の場合、「正規職」「パート」「派遣・契約」「自営業」と合わせると、社会人が交際相手の6割以上を占めている。これは、出会いの場として「アルバイト」先が多いからだろう。また「幼馴染・隣人・友人兄弟の紹介」が多いこともあるだろう。

それでは本当に出会いの場の違いは、交際相手の職業に違いをもたらしているだろうか。

そこで出会いの場ごとに分けて、交際相手の職業を見てみた。そうすると、「アルバイト」「幼馴染・隣人・友人兄弟の紹介」「合コンやナンパ・インターネット」などで出会った場合は、社会人が多くなることがわかった。

以上から、短大か4年制大学か、またその大学の難易度の違いは、女子大生にとって、交際相手がいるかどうかには影響はないが、どこで出会って、どんな人と交際しているかには影響がある、ということが明らかになった。

大学の授業料は高い。2016年度の女子の大学進学率は57・3％であるが、4年と2年では大きな違いである。大学には行かせることができるが、それほど家計に余裕がないと、4年制大学より短大を選ぶだろう。

実際、筆者が大学に来て初めて面談した退学者は、「4年制大学に来てみたが、とても学費を払い続けられない。2年制の保育短大に進学し、保育士資格を取る。授業料が2年分で済むだけでなく、必ず就職できるから」という成績優秀な1年生の女子学生であった。

短大生は家計にゆとりがない場合が多いので、アルバイトの頻度も高く、異性に会う頻度は、どうしてもアルバイト先の方が多くなるのだろう。短大生のアルバイト先を見ると、「レストラン・居酒屋などの飲食関係」「ショップ・コンビニなどでの販売職」で9割を占める。そこで出会った職場の社会人や客と交際することになるのではないだろうか。

また、少子化のなかで短大も共学化が進んでいるが、一般的に男子比率が低い。それも昔からの幼馴染や隣人、兄弟などの紹介で出会った異性と付き合う要因の一つだろう。

一方、京阪神の難易度の高い大学に通っている女子大生の場合は、中学、高校、大学受験で一定の選抜を受けてきている。高校の偏差値による順位づけが明確化されている京阪神地区は、少なくとも高校段階で厳しい選抜を経なくてはならない。その結果、選抜された同じような学力層の人が大学に集まってきている。もちろん出身地が京阪神地区とは限らないが、地方出身者でも同様で、育ってきた背景や考え方が似たような学生が集まっているのだ。

さらに大学3のグループの大学は男子学生の方が人数が多い。彼らは自分と同じような背景を持つ男子学生であり、人数の少ない女子学生とっては、大学は相手選びに優位な場でもある。また、白河（2012）が言うように「同級生や同じ大学の先輩は、社会人としても貴重」であれば、学内か学外でも同じようなレベルの学生が集まるサークルなどで、相手を見つけようとしても不思議ではない。

ちなみに、難易度の最も高い大学3グループの女子学生の場合、アルバイトも4人に1人が家庭教師か塾の講師である。

5．調査のおわりに

京阪神の女子大生の理想のライフコースや男女交際について見てきたが、もう一度、3章の無業女性のインタビューを思い出してほしい。

大学時代に働くことや自立することの意味や必要性をあまり考えていなかった自分を振り返り、「大学は強制的にでもキャリアセンターに行くようにさせるべきだと思う」という人がいる一方で、「大学のキャリア支援の講座はただ座っているだけだった。自分はそれで、就職に向けて何かをしなくてはならないとは思わなかった」という人もいる。本人に「自分の人生をどうしていくのか」という主体的な姿勢がない限り、与えても吸収しないということもある。

それでは、女子学生が主体的に自分の人生や将来について考えるようになるきっかけはなんだろうか。その一つが、「交際相手ができる」ということかもしれない。

交際相手がいる女子学生は、その交際相手と結婚するのかどうか、その交際相手はどんな仕事をするのか、それに合わせて自分はどうするのか。稚拙なものであっても、いろいろと将来について考えるようになる。もちろん、交際相手がいなくても、自分の人生や将来を真剣に考える女子学生も大勢いる。だが、交際相手がいると、仕事だけでなく、結婚や子育てについてより具体的に考えながら、将来を模索するようになる可能性がある。もちろん、学生時代の交際相手と結婚すると決まっているわけではない。だが、ほとんどの女子学生が理想のライフコースとして結婚する人生を選んでいることから考えれば、学生時代の交際は将来のパートナー選びの練習にはなるだろう。

また、いまや女性にとって、働くことや人生の様々な問題が、結婚によってすべて解決する訳ではないことを、女子学生たちはもっと認識しておくべきだろう。京阪神の女子大生の20％近くが「専業主婦が理想のライフコース」だと答え、16％が「実際に専業主婦になりそうだ」と答えているが、それは本当に可能だろうか。

もう一度、先に挙げた２０１５年調査の「第15回出生動向基本調査」を見ると、18〜34歳の未婚男性の69・８％には交際相手がいない。さらに、交際相手を持たず、かつ交際を望んでいない人が未婚男性全体の30・２％を占めるという結果が出ている。

また、この調査では未婚男性に「男性がパートナーに望むライフコース」についても聞いている。すると、妻に専業主婦を望む人は10・１％にすぎない。再就職コースを望む人が37・４％、両立コースが33・９％である。

実はこの出生動向基本調査を見ると、未婚男性がパートナー（妻）に望むライフコースでは、ここ30年間、専業主婦は一貫して減り続けている。ちなみに、両立コースが専業主婦コースを上回ったのは２０００年前後である。もちろん、妻に両立や再就職コースを望んでいるとしても、それが可能になるように、一緒に家事や育児を担う覚悟が男性にあるかどうかはわからない。だが、女子学生の想定以上に男性の考え方も変わりつつあるということは確かである。

第5章 既婚子持ち女性の再就職への壁

1. 既婚女性の就業希望者は？

これまで、政府が「女性活躍」を唱えだした背景や、働くことにネガティブな考え方しか持てない大卒未婚無業女性が適切な支援を受けられないまま、無業状態が長期化し、社会に関わる意欲も失っている実態などを見てきた。

人手不足感が強まっているなかで、彼女たちが就業しないままでは本当にもったいない。このまま年齢を重ね、安定した職に就かずに短期のアルバイトや非正規の仕事を転々とするようであれば、いずれは貧困状態に陥る可能性も否定できない。それは本人だけでなく、社会にとっても大きな損失である。

たとえ、短期的にはコストや手間暇がかかったとしても、丁寧に一人ひとりに関わり、彼女たちが再び社会での居場所を取り戻せるようにするべきである。

一方で、「未婚無業でも、結婚すれば問題は解決する」と考える人が相変わらず多いことも事実である。筆者も孤立している彼女たちが、人生を共にするパートナーに出会えればいいと思う。3章で紹介した大平さんのように、パートナーに巡り合うことで、仕事をする意欲や目的を得た人もいるからだ。

だが、実際には非正規や無業の女性は、正規雇用されている女性よりも結婚する確率は低いし、そもそも、本人たちの結婚への意欲も低くなっている。

また、結婚さえすれば無業女性たちの様々な問題が解決するかといえば、そうではない。いまの日本では、夫のみが働く片働き世帯より共働き世帯の方が多くなっているし、予定の数の子どもを産めない理由の第一位が、「教育にお金がかかる」であることからもわかるように、子どもがいるからこそ教育費が必要になり、家計のために働かなければならないと考える人が多いからだ。

つまり、結婚しても家計の観点から、多くの女性は働かなくてはならないのが実情である。先述の大平さんも、交際中の相手から「収入が不安定なので、必ず働いて欲しい」と言われており、家計を支えるために結婚しても働き続ける覚悟を固めていた。もはや「専業主婦という選択肢はない」、ということを理解しているのだ。

さらに少子高齢化で労働力人口が急速に減少するなかでは、既婚女性にも働いてもらうことは、社会のニーズから見ても、労働力確保の面からも避けられない。

3章で紹介したメーカーの製造ラインで働いていた斎藤さんのように、有給休暇も取れないほど人手不足は深刻化している。それは、女性の就業比率が高い看護師、保育士、介護士などの専門職だけでなく、現在、多くの職種、業種で発生している。

だからといって移民を受け入れる前に、もっと優先すべきことはある。日本で教育を受け、就労意欲もある女性たちに働いてもらえるようにすることだ。そのためにも、保育、介護など

表1　25~44歳の全国と関西各府県の既婚女性の就業希望者や求職者人数

		25~29歳	30~34歳	35~39歳	40~44歳	合計
既婚女性の全国総数		1,173,900	2,294,100	3,232,100	3,404,900	10,105,000
うち就業希望者		324,400	589,800	781,700	675,500	2,371,400
	求職者	95,700	166,100	250,000	259,400	771,200
	非求職者	228,400	423,200	531,000	415,500	1,598,100
既婚女性の関西の総数		176,800	376,100	543,700	585,100	1,681,700
うち就業希望者		49,200	108,300	143,500	131,100	432,100
	求職者	14,500	34,700	46,400	51,000	146,600
	非求職者	34,600	73,500	96,600	79,900	284,600

資料：総務省「平成24年就業構造基本調査」（2012年）より筆者集計　（単位：人）

の制度を整え、女性が働きやすい環境をつくっていくことが急務である。

そして夫の扶養の範囲で働くのではなく、ちゃんとした収入を手に入れ、税や社会保険料を負担してもらう女性たちが増えなくては、社会の様々な制度の存続も難しくなる。その意味では、職歴もあり、子育ての経験もある母親たちは、質の高い労働者として有力な候補者である。

しかも表1のように、25～44歳の既婚女性のなかで、現在働いていないが就業を希望する人は全国では約237万人、関西には約43万人いる。ところが、実際に求職活動をしているのは、そのうちの3分の1であり、3分の2は就業希望がありながら求職活動を行

表2　25～44歳の全国と関西各府県の既婚女性の就業者数・無業者数とその割合

	全国	東京	愛知	福井	大阪
既婚女性総数	10,105,000	1,083,700	679,200	62,300	714,900
	100%	100%	100%	100%	100%
就業者	6,114,800	623,600	408,500	48,400	386,700
	60.5%	57.5%	60.1%	77.7%	54.1%
無業者	3,990,400	460,000	270,600	13,800	328,100
	39.5%	42.4%	39.8%	22.2%	45.9%
うち就業希望者	2,371,400	274,100	155,700	8,800	182,600
	23.5%	25.3%	22.9%	14.1%	25.5%
求職者	771,200	73,100	58,500	3,600	70,300
	7.6%	6.7%	8.6%	5.8%	9.8%
非求職者	1,598,100	200,600	97,100	5,200	111,700
	15.8%	18.5%	14.3%	8.3%	15.6%
就業者と就職希望者をあわせた比率	84.0%	82.8%	83.1%	91.8%	79.6%

	滋賀	奈良	兵庫	京都	和歌山
既婚女性総数	129,000	109,400	453,200	204,300	70,900
	100%	100%	100%	100%	100%
就業者	78,300	60,400	238,000	121,000	42,500
	60.7%	55.2%	52.5%	59.2%	59.9%
無業者	50,700	48,800	215,300	83,400	28,500
	39.3%	44.6%	47.5%	40.8%	40.2%
うち就業希望者	29,800	30,400	123,300	50,000	16,000
	23.1%	27.8%	27.2%	24.5%	22.6%
求職者	8,600	9,100	38,400	15,100	5,100
	6.7%	8.3%	8.5%	7.4%	7.2%
非求職者	21,100	21,200	84,700	35,000	10,900
	16.4%	19.4%	18.7%	17.1%	15.4%
就業者と就職希望者をあわせた比率	83.8%	83.0%	79.7%	83.7%	82.5%

資料：総務省「平成24年就業構造基本調査」（2012年）より筆者作成　（単位：人）

っていない。

さらに詳しく、全国と関西の府県別の25~44歳の既婚女性の就業、無業者や就業希望者の人数と比率をまとめてみた（表2参照）。

実際の就業率を見ると、全国で60・5%、福井で77・7%、奈良で55・2%と地域によって大きな差がある。しかし、「就業者と就業希望者を合わせた比率」を見てみると、全国が84%、福井が91・8%、奈良が83%で、ほぼどの県でも既婚女性の8割が働いているか、働きたいという希望を持っているということがわかるだろう。

それにもかかわらず、実際に働いている人と働いていない人の差が、地域によって大きいのはなぜだろうか。そもそも、彼女たちはなぜ仕事に就きたいと思っているのだろうか。さらには、就業希望がありながら、実際に求職活動をしているのは就業希望者の3分の1に過ぎないのはなぜだろうか。既婚の彼女たちが就業したいと思っていても、実際に仕事を探すところまで踏みだせない理由があるはずだ。

そこで、この章では「障害となる事情」と、その背景を見てみよう。

2．既婚女性が働きたい理由——内閣府の調査から

無業の既婚女性が働きたいと考える理由はなんだろうか。まずは、内閣府が２０１１年に全

国で実施した「都市と地方における子育て環境に関する調査」を詳しく見てみよう。これは妻の年齢が20〜40代で、子どものいる夫婦モニターを利用して実施したインターネット調査である。

この調査では全国で1万2589人が回答しているが、現在働いていない人は5361人（全体の43・6％）である。全員に調査したところ、「今後も働かない」という回答は全国や関西で約1割であった。つまり既婚で子どものいる女性の約9割は、いずれは働きたいか、すでに働いている人たちである。

なぜ既婚女性たちは働きたいのだろうか。いずれは働きたいという人のうち、4137人がその理由も解答している（当てはまる選択肢をすべて選ぶことになっている）。すると、「家計を補助するため」が7割強、「将来に備えての貯蓄」が約6割、「生計を維持する」と「自分の自由になるお金を得る」が4割強となっている。

現在働いていない人も、その理由を複数回答で選んでいる。現時点で「経済的に働く必要がない」のは専業主婦の11・5％である。さらにこの調査では「今後も働かない」としている全体の約9％の人にも働かない理由について、当てはまる理由を全部挙げてもらっている。「家事や育児が負担」「子育てに専念したい」「雇用先がない」という答えもあるなかで、「経済的に働く必要がない」のは、「今後も働く予定はない」人の3割弱である。つまり調査に回答した1万2589人の子持ちの既婚女性のうち、「経済的に働く必要がない」ため今後も専業主婦でいられるのは、2・7%に過ぎなかった。

またこの調査で見る限り、働きたい理由や再就職したい時期も、関西と全国では大きな違いはない。ところが就業構造基本調査などで見ると、既婚女性の就業率が関西では低くなっていることがわかる。つまり関西では、女性はそれだけ働きにくいということなのではないかと推測されるが、そこにはどういった背景があるのだろうか。

3. ヒアリング調査から——小さな子どもを抱える母親たち

就業率の低い関西の女性たちは、実際にどのように暮らし、働くことや子育てをどう考えているのだろうか。滋賀県、奈良県、大阪府にある子育て広場にお願いして、子育て中の母親たちにグループインタビューでヒアリング調査を実施した。

滋賀県は、JR琵琶湖線沿いの京都から遠い地域にある子育て支援施設。奈良県は、新規流入者の多い地域と、地元の人ばかりが昔から住んでいる地域の2カ所。大阪府は府内南部の40年ほど前にできた駅前団地にある子育て広場。以上4カ所でグループヒアリングを実施した。大阪府内でのヒアリングは一回であったが、子育て広場の運営法人は複数の子育て広場を運営しており、ヒアリングとは別に、運営者から大阪府内の地域性の違いについて話してもらった。

また、追加で兵庫県西宮市では転勤族の母親たちへのヒアリングを実施。合計で約30人のお母さんたちから話を聞いた。

前職や有資格の状況から、ヒアリング対象者のうち1人以外は全員、大卒者か専門学校卒者と考えられる。

さらに、働きたいという女性を支援する滋賀県草津市と大阪市内にあるマザーズジョブステーションのキャリアカウンセラーへの聞き取りも実施し、子持ちの女性の再就職事情や特徴、地域による状況差についても情報を収集した。

①　子持ち既婚女性は働きたいのか？

ヒアリングした約30人の母親には全員に就業経験がある。しかしヒアリング時は全員無業状態であった。

今後も「家計的には働く必要がないと思っている」と答えたのは2人いたが、このうちの1人は「自己実現のために働くかもしれない」、もう1人は「自分だけのお金が得たいし、子どもが大きくなったとき、自分に何もないのはいやなので、いつかは働く」ということだった。

そのほかの全員が、家計的なニーズもあり、すぐにでも、もしくはいずれかの時期に働きたいという。とくに保育士や看護師などの専門職の母親は、求人には事欠かないため、子どもさえ預けることができれば、すぐにでも働きたいという人が目立った。

いずれにせよ、働きたい理由の第一位は「働かないと家計がやっていけない」「自分だけのお金が欲しい」が最も多かったが、「社会から必要とされている自分の能力を生かせず、いらだっている（専門職）」という人も数人いた。

②　いつから働き始めるか

すぐに働きたいと思っていても、今回ヒアリングした母親たちが住んでいるすべての地域で、保育園には待機児童がおり、育児休業を取って正規就労を続けてきた人以外、保育園入園は大変厳しい状況だった。

母親たちは、幼稚園の預かり保育が充実している地域では、まず幼稚園に入ったら働きたい、幼稚園の預かり保育もろくにないところでは、小学校に入ったら働きたい、という希望を持っていた。

しかし、保育園も足りず、幼稚園の預かり保育もあまりないような地域は、学童保育も充実していないのが実情である。つまり実際には「小1の壁」の方がさらに高く、働きだすことが一層難しくなるだけでなく、母親の年齢もそれだけ上がっており、再就職へのタイムリミットも迫ってくることになる（この事実について、ヒアリングの最中に子育てサロンの関係者から説明があり、母親たちはみなショックを受けていた）。

実はいろいろ聞いて感じたのだが、「子どもがいくつになったら働きたいか」というのは、あらかじめ母親の理想があるわけではなく、住んでいる地域にどのような保育資源があるのか、子どもがいくつになれば預ける場所があるのか、周りの人がどういうタイミングで働きだすか、という状況に左右されているのではないだろうか。

幼稚園の預かり保育もない地域では、幼稚園ママはみんな働けないので、ママどうしで「働くのは子どもが小学校に入ってからね」、と言い合っている間に「それが常識」になっていく。

一方、幼稚園の預かり保育がある地域では、「幼稚園に入ったら、まずはパートから始める」と、子育てサロンで出会ったママたちと話している間に、「それが世間の標準」になる。保育園や子育て支援基盤の整備は市町村の責任なので、同じ県内でも、住んでいる市町村が違えば、子育て環境も保育資源の豊富さも異なり、母親の考えもライフプランも大きく変わるのだ。

もちろん、どんな地域でも最低限の保育園はあり、働いている人はいる。だが保育園が少ないところで働いているのは、公務員や教員、大手企業などの恵まれた正規職か、自営業、そしてひとり親世帯などで働かざるを得ない人たちだ。そういう人たちと、今回ヒアリングした無業の母親とは接点がない。そのため、無業の母親たちは同質の人たちの集まりのなかで、その地域の状況に合わせて、自分の考え方を変え、「それが当たり前」と考えるようになっていくようなのだ。

③　保育の悩み――子どもを預けるところがない

母親たちの再就職の悩みの多くは、保育園があればある程度解消されるだろう。保育園の事情は地域によって大きな差があり、それが母親の再就職事情を左右しているからだ。つまり、どこの地域でも保育園が、再就職に向けての最大のネックとなっている。

まず保育園に入るのは就労中の人が優先で、求職中の人は優先度が低い。

子どもの預け先が決まらない母親を企業が雇うには無理がある一方で、就業先が決まらないと保育園に入園できる可能性は低い。ここの板ばさみで、そもそも求職活動に乗りだせていない母親が多い。それに、週に2～3日の勤務からゆっくり始めたいと考えていても、週5日勤務の人の入園が優先される。とはいえ、いままで働いていなかった人が急にフルタイムで働きだすのには、少々無理があるだろう。

しかし、保育園に入りやすい地域では状況が違う。滋賀県は、関西のなかでは女性の就業率も高く、女性が働きやすい環境があると私は考えていた。ところが、そんな滋賀県でも地域によって状況は大きく違っていたのである。

たとえば、草津市や大津市は、保育園整備の姿勢を行政が打ちだしており、とくに大津市では年齢別の保育園の空き状況が毎月確認できるようになっている。さらにハローワークに行って求職者登録をし、求職活動をしているという証明書が出た段階で、保育園の入所申し込みができるだけでなく、入所できる可能性もある。待機児童の多い地域では、求職中は申し込みはできても、保育園にはまず入れないのが普通である。

草津や大津は、京都や大阪に通う若い世帯のベッドタウンであり、多くが家の購入のためにローンを組んでいて、「働きたい」という希望がある。また県内の製造業では、社員の高齢化による人手不足が深刻である。技術継承と世代交代のために「子持ちのママでいいから正社員で働いて欲しい」と考える企業も多く、ママ向け正社員採用の企業説明会に20社も集まった。「子どもが病気のときは遠慮せずに休んでくれていいから」とまで、会社は言うらしい。

こうして働く場所もあり、保育園に子どもを通わせる人が増えるにつれ、ここ数年、この地域の母親たちの意識が変化してきている。「親子の孤独な育児より、保育園で同年代の子どもと交わるほうが子どもにいい」と考えるようになっているという。

一方、琵琶湖東岸に位置する東近江市や近江八幡市などでは、事情が違うようである。近年、京都に近い草津市や大津市は地価が高く手が出ないという人たちや、三重県側にある企業にも通勤できるという事情で、ＪＲ琵琶湖線沿いの京都から離れた場所に家を買う人も多い。ところがこの地域では、保育園の整備を進めているものの入所希望者増には追いついていないのが現状だ。すでに正規職があり、勤め続けている人以外は、保育園に子どもを入れて再就職することはかなり難しい。

幼稚園の預かり保育もあまりない状態で、幼稚園の保育時間に合わせて「午前中だけ働く」という仕事は、すでに早くから仕事探しをしていた幼稚園ママで埋められている。もちろん保育園が十分にない地域では、学童保育に入るのはさらに難しい。というわけで、この地域に住む母親たちは八方ふさがりなのである。

さらに小学校入学以降の放課後児童対策は、地域によってかなり差があるようだ。自治体によっては、全児童を対象とした放課後教室といわれる小学生の預かりを実施しているところもある。このサービスでは親の就労要件にかかわらず、子どもが夕方まで過ごせるので、小学校入学段階で、母親の希望に合わせたペースでの再就職が可能になる。

この、小学校の全児童を対象とした放課後の児童預かりは、子どもの就学前からフルタイムで働く親たちからは、「子ども多すぎる」という批判もあるが、再就職をしたいと考える専業主婦の母親たちには、必要不可欠なものとなっている。

なぜ母親たちはどんなに遅くても子どもが小学校に入る時点で再就職したい、と考えるのだろうか。それは、再就職に際して〝年齢の壁〟があるからだ。平均初産年齢が30歳を超えている現在、30代がちょうど子育て時期である。ということは、ちょっとタイミングを逃すと、あっという間に40代に入ってしまうのだ。今後のキャリア形成を考えると、30代の間に再就職したいという人が多く、母親たちは切実なのだ。

④　家計の状況と夫の意識

家計的に働く必要がない、という人は最初に述べたように本当に少数派であった。就業経験のない母親はおらず、みな自分で働いて収入を得た経験があるため、夫の収入は夫のものであり、自分のものではないという意識もあって、「少しでもいいから自分のお金が欲しい」というのが母親のほぼ全員が持つ共通の望みである。さらに、「家計的にゆとりがない」という声が圧倒的で、「420円の雑誌も買えない」という人もいた。

ある子育てサロンでは、子育て中の家庭の家計を助けるために、古着やいらなくなったおもちゃの交換会もしており、母親たちに本当に喜ばれているという。

夫は、はっきり口にだして「家計が苦しいので、いつかは働いてほしい（一日でも早く働いて）」という人と、「働かないで、妻の才覚でやりくりして」という人の二種類に分かれるようだ。なかには、夫が厳しい給料カットを受けたため、妻が働きにでると申しでても、「下がった収入の範囲でやれ」と夫に言われてしまい、「やっていけない」と涙ながらに子育てサロンに相談に来た人もいたという。

一方、いわゆる大手企業に勤めている夫であっても、「一人の稼ぎに頼っていては、家計がもたない」とか、「家を買うためには2人で働かないと無理だ」という人も出てきている。結婚年齢が夫婦ともども上がってきているため、夫婦によっては、自分たちの老後のお金を貯める時期が教育費が最もかかる時期と重なっており、家の購入なども考えると、「定年までの期間が短すぎて2人で働かないと将来が見えない」、と夫が口にだしているという人もいた。

また、夫自身が共働き家庭で育ったため、妻が働くことに抵抗がなく、しかも夫の母はいまでも正規職で非常に収入の高い仕事についている、という人もいた。夫から、「夫の収入で日々の生活を賄い、妻の収入は将来のための貯金や家族の娯楽に使いたい。手伝うから、早めに働くことを考えてほしい」と言われている人もいた。

さらに「家計が苦しいので、いつかは働いてほしい」という期待を妻に言いつつも、共働きできるように「手伝うよ」という夫と、そうでない夫がいる。「妻の働きが家計に必要だが、自分には迷惑かけないで」と態度で示す夫も多い。子どもを寝かしつけていたため、夕食後の食器洗いを夫がすることになっただけで不機嫌になるから、夫にはあきらめしかないという人もいた。

だが多くの妻は「夫の働き方が厳しすぎて、疲れ切っており、とても頼めない」と言う。たとえば、毎日朝7時前に家を出て夜11時過ぎに帰宅、いつも不機嫌、土曜日は一日寝ている。日曜日にやっと人間的になり、少し子どもと遊ぶが、また月曜から不機嫌で疲れ切った夫に戻る。そんな状態では妻である自分が働きたくても、結局は家事も育児も、すべて自分が一人で担うことになる。夫に何かを頼むことは、絶対にできないという。

女性の就業率を上げるためには、まずは男性の働き方から見直さなければならないことは確かである。

⑤　三世代同居は母親の子育てを応援するのか

女性活躍推進や少子化克服のために、三世代同居を政府は進めようとしているが、関西で聞いた限りでは、多くの女性が三世代同居には否定的である。実際、ヒアリングした母親のなかで義理の親から子育ての支援を受けている人はゼロであった。関西では、「母親は働くべきでない」という義理の親の価値観が強いというのだ。

同居率や女性の就業率が同じように高いにもかかわらず、出生率に差がある富山県と福井県を比較した中村（2016）は、富山県に比べて福井県の出生率が高い要因に次の3つを挙げている。①祖父母からの子育てへの支援が多いこと、②地域が子育てしやすいこと、③地域の経済的な展望が明るいこと、である。つまり、女性が子育てと仕事を両立できるかどうかは、親と同居しているかどうかだけでは決まらないということだ。

ここから考えれば、「子育ては母親の仕事」と考えるような義理の両親と同居すれば、かえって若い母親の就労も子育ても難しくなるだろう。実際、千年（2016）は、「第5回全国家庭動向調査（2013年）」のデータを分析し、「子どもが0歳から6歳の場合、むしろ夫の母との同居は女性の就業を抑制する」という結果を見つけている。

さらに、大阪府だから奈良県だからということではなく、居住地が、昔からの地元の人が多く住んでいる地域か、新興地域かによって義父母の考え方にも大きな差があるようだ。「嫁が働くのはよくない」どころか、いまどき「嫁は家にいるもので、外に出かけることもよくない」と考える地域まであるのだ。

なかには、いまだに子どもを連れて出かける自由もない地域があるそうで、そういった地域では「子育てサロンに遊びに行く」ということが許されないという。「子どものお稽古」というと出かけやすいため、リトミックやお絵かきといった子ども向け教室を設定し、母親が子育て支援施設に出かける理由を義理の両親に言いやすいようにしているという。その地域から来た母親に聞くと、近居する義理の両親から、常に「どこにいくのか、何をするのか、なぜ家から外に出るのか」という干渉があるのだという。

⑥　北陸出身の母親の驚き

ある北陸出身の母親は、「北陸では、子どもを産んでもみんなが働き続けるので、義理の両親も子育てを手伝うのが当たり前という文化がある」と言う。北陸にいる実家の母親に相談したら「義理の両親を頼ってもいいのでは?」とアドバイスを受け、下の子が産まれて赤ちゃん返りした上の子を思いっきり甘やかせてあげようと「上の子が母親に甘えられる時間を持ちたいので、下の赤ちゃんを少し預かってもらえないか?」と頼んだところ、義母に激怒されたそうだ。さらに夫が帰ってきた時間を見計らって、義父からも電話があり、「子育てという母親の義務を果たさないのは許さん。二度と子どもを預けることなど頼むな」と厳命された。夫からも「義理の両親を頼るな」と言われたという。

北陸出身の母親たちは、「北陸では、保育園にもすぐ入れるし、周りの人も子育てを助けてくれる。待機児童なんて東京だけの話だと思っていた。関西では、保育園にも入れず、『子育ては母親の仕事だ』と誰も手伝ってくれない。関西がこんなに子育てのしにくいところだとは思わなかった」と涙を流して話していた。

さらに、関西の息が詰まるような子育ての現状がわからない北陸の友人から、「一体いつになったら働くの？」「専業主婦は楽でしょう」、と言われるたびに胸が詰まるという。

結婚しても子どもを産んでも働くのが当たり前であり、周りの人がごく自然に子育てを手伝ってくれる地域文化のなかで育ってきた彼女たちには、大学まで進学したのに働けないことも、「子育ては母親の仕事」と責められることも、自分の人格を傷つけられるような痛みである。

北陸出身の母親たちは大学進学時に京都や大阪に来て、そこで夫と出会っている。本人たちは、女性が働くことや子育てに関して、北陸と関西でこれほど大きな文化的違いがあると思わなかったという。

だが今後はこういった悩みは減るかもしれない。北陸新幹線開通後、初めての大学入試（2016年）では、関西の大学を受験する北陸出身者数は大きく減少した。みな、東京に行くようになったのだ。女性の仕事のチャンスも少なく、子育てを応援する文化もない関西に、北陸の女性がわざわざ学びに来る必要はないだろう。

⑦　地域の意識と子育て支援基盤の充実度

もちろん、関西にも、乳児を抱える親子を支える子育てサロンが充実し、保育園も比較的入りやすいなど、子育てしやすい市町村はある。しかし地域差はあまりに大きい。夫の出身地やその近くでという理由や、家の値段だけで住むところを決めて、後悔している人も多い。
そして義理の両親の考えは、その地域の人々の意識を代表しているともいえるということに母親たちの話を聞いて気づいた。義理の両親は嫁に意地悪をしているつもりではなく、自分たちが当たり前だと思う価値観、「嫁は出歩かない」「子育ては嫁の義務」を口にしているだけなのだ。

ただし、そういう意識や価値観を持つ年配の人が多い地域では、議員や行政も同様で、当然、そういった価値観や考えに基づいて政策が決められる。そのため子育て支援基盤の整備が進まず、いつまでたっても子育てしにくい。結果として、外から若い人が入ってこないために子育て世代は少数派にとどまり、その声は取り上げられないままである。

外から人が入ってこなければ、自分たちの地域がほかと比べてどうなっているのかを考える機会もない。だからいつまでたっても子育て環境が改善されない、という悪循環が続く。筆者は子育て支援の調査で全国各地を回ったことがあるが、こういう地域は実際には若い世代の流出が続き、人口消滅リスクの高い地域になっている。女性が住みたい・子育てしやすいという地域でなければ、若い世代を惹きつけられないのだ。

一方、市長が代わって若い世代を惹きつけるために行政姿勢の転換があったり、若い世代が増えてきたりすると、行政は子育て支援を充実させ始める。「子育てしやすい」となれば、若い世代がさらに流入してくだろうし、若い世代が一定の割合を占めるようになれば、無視できない存在になる。こうやって子育てしやすい市町村とそうでない市町村の差が、どんどん拡大していくことになるのである。

社会で利用できる子育て支援のサービスやメニューが増えれば、親子の子育てはずっと楽になる。必要な子育て支援は保育園だけではない。専業主婦でいたいという母親にとっても、幼稚園に入るまでの乳幼児期の子育ては本当に苦しいときがある。そういう人を支えるためにも、様々な子育て支援のメニューが必要なのだ。

⑧　転勤族の悩み

転勤族の母親たちの悩みも深い。転勤を経て、現在は兵庫県西宮市に住む5人のお母さんから話を聞いた。甲子園球場のある西宮市は、最近、関西の住みたい街ランキングでトップグループに入っており、若い世代の流入も続いている。だが、一方で、昔ながらの阪神間の山の手の専業主婦文化が色濃く残る地域でもあり、若い世代の流入に子育て支援のサービスが追いついていない地域でもある。一度待機児童ゼロになったことが共働きの若い世帯を呼び込むこととなり、かえって以前より待機児童が急増している。いまでは、「両親フルタイム勤務でも、保育園に入れない人がいる」という状況になりつつある。

一方、「恵まれたハイソな専業主婦」がいまでも多くいる地域であり、経済的に恵まれた人に公的支援は必要ないと考えられてきたため、在宅で子育てする普通の母親への支援は手薄である。ところが、最近ではその裕福な地域のお屋敷が代替わりを迎え、その多くが売りに出されている。その跡地にマンション建設が進んだことで、若い世帯の流入が続くようになったが、該当地域には子育て支援施設はいまでもほとんどない。

そんな状況の西宮市に転勤で突然引っ越してきたお母さんたちは、知り合いをつくる場所もなく、結局、大型のショッピングセンターで親子だけで一日過ごすことになる。西宮市の子育て支援の施設は市の南側に固まっているため、遠くて利用できないのだ。このように同じ市内でも住んでいる地域によって、生活スタイルがまったく異なっているのが実情である。

親子の居場所になり、地域の知り合いができるような常設の子育てサロンを中学校区に一つは設置することが理想だが、待機児童対策に資源を取られている西宮市では、そこまで充分には手が回っていない。

確かに、つい十年ほど前までは、西宮の裕福な人が住む地域の幼稚園の送り迎えはフルメイクでワンピースを着るのが普通だった。ジーンズでお迎えなど、許されなかったという。2010年時点でも、筆者はそれを目撃し、衝撃を受けたことを覚えている。最初はよくわからず、「毎日華やかなホームパーティーでも、どこかのお屋敷でしているのか？」と思っていたものだ。いまでも幼稚園の行事には、そのまま謝恩会ができそうな華やかなスタイルでママたちが参加している。そうした自分の暮らしに合わない環境のなかで、子育てをしなければならない転勤族のママたちの悩みは深い。

さらにいつあるかわからない夫の転勤が、妻のライフプランを立てるうえでの、最大の障害になっている。

ある女性の夫の会社は、毎年4月末に転勤辞令が出て、5月に転勤となる。幼稚園教諭の資格を持っている彼女は、群馬県出身で、群馬ではみんな結婚・出産しながら働き続けているという。関東にいるときは、いきいきと幼稚園で働いている彼女を、義理の両親も応援してくれていた。だが関西に転勤となり、仕事を辞めた。2人いる子どものお迎えに幼稚園に行くたびに「どうして私はここで働けないのだろう」と胸がえぐられる思いだという。幼稚園教諭や保育士の採用があることは知っているが、4月から採用されたとたんに、転勤では申し訳なくて、就職活動もできない。2人の子を抱えて、イライラ感も限界まで募り、それを察している夫からも「働いたほうがいいんじゃない?」と言われている。

夫の会社は女性が働きやすい会社として有名で、多くの女性が結婚・出産しながら働いているため、夫は女性が働くことに抵抗感がない。しかも彼女が幼稚園で働くのが大好きだと知っている。だが、その夫の数年おきの転勤が、彼女が働くうえでの最大の障害なのだ。

別の女性は、夫には言っていないが、子どもが中学生になれば夫の転勤についていくつもりはないという。男子を育てているその女性は、思春期の男子に父親がいないのはよくないかもしれないが、思春期の子を転校させる方がリスクが高いと考えている。また高校受験を考えれば、中学校での転校はありえない。

すでに小学生になる子どもを持つ女性は、夫の転勤内示が毎年10月にあるため、秋になると転校したくない子ども共々、びくびくして暮らす。彼女はすでにパートとして働きだしており、地域で友人も増えた。今年転勤がなく、もう一年ここで暮らすことになったら、ここに住み続けるかどうか決めたいという。新しい土地で、やっとのことで友人をつくり、生活のベースを築いたら、転勤でまたゼロからやり直しでは、そのストレスと徒労感が耐えられないというのだ。

転勤族の母親全員が「女性活躍と言われても、夫の会社の都合で、いつどうなるかわからない状態では、働けるわけがない」と声をそろえる。さらに「夫が転居を伴う転勤のない地域限定社員になったら、収入は下がるだろうが、それによって妻が正規職で働くことができるのなら、どっちが世帯にとって得なのか？」と筆者に聞いてきた。

すでに多くの企業で、中高年の男性管理職が「親の介護で転勤できない」という問題に直面している。政府が「女性活躍」を推進している現在、多くの女性が働き続けるようになれば、男性の転勤をいとわない働き方がこれからも存続可能かどうか、大きな課題となるだろう。

4．既婚・子持ち女性が働けない理由

夫婦共働きが世帯の5割以上を占めるようになった現在、「配偶者控除をなくして、夫婦控除

に変える」という議論もおこるようになってきた。これまで、再就職を希望する母親にとって、扶養の範囲で働くかどうかは大きな課題であったが、女性がフルタイムで働けるかどうかは、実は、夫の意識や働き方に左右されるようだ。

先に「女性が働くためには、まともな時間に帰ってきて、家族との時間が持てる父親が必要」と母親たちが話していると紹介したが、まさに夫の協力次第なのだ。

フルタイムで女性も働いて社会保険料や税金もちゃんと払って、そして子どもも産んで育てて欲しい、と政府が望むのであれば、「女性活躍」を謳うだけでなく、「父親の家庭での活躍・戦力化」が大前提だと、多くの母親たちが力説していた。みな口を揃えて、「関西では、扶養の範囲を超えて女性が働ける環境が整っていない」という。

さらに保育士や看護師・理学療法士などの専門職の母親たちの悩みは、夫の意識や夫との力関係が絡み複雑だ。彼女たちはその気になれば、すぐに正規採用で働ける。正規で働けば年収300〜400万円にはなることがわかっているため、時給制のパートでは働く気がしないというのだ。だが、正規雇用となれば、突発的な状況に対応することも必要で、夫の協力が欠かせないという。

これに対して、妻がそれなりの年収を取ることが許せないという夫もいるようだ。家計が厳しいなか、妻が働けば家計が助かることは間違いないにもかかわらずだ。

看護師の女性は、現在は2人目を産んで仕事をしていないが、1人目のときは子どもを院内保育所に預けて正規職で働いていた。そのときに夫や夫の両親から「保育園なんかに預けるから、子どもが病気になる」と散々、嫌みを言われたという。その女性の出身地、中部地方では看護師は働き続けるのが当たり前だったそうで、関西出身の夫がそんな考え方だとは、まったく想像していなかった。いずれ再就職するつもりだが、そのときには夫や義理の両親を頼らない覚悟を決めている。

別の女性も、「教育費のために働きたい」と言ったところ、「女が働くから男の収入が下がった。女が働くのは男への迷惑」と夫からはっきり言われたそうだ。この女性はもともと関西出身で、子どものころから実父に「女はダメだ」など、女性を罵倒する汚い言葉をさんざん言われてきたので、驚かなかったという。

保育園が整備されたり、夫が子育てを一緒にすることが当たり前になったりするには、地域の文化や考え方が、それを応援する方向に変わることが必要である。

関西の考え方が社会の常識と信じている人には驚きかもしれないが、北陸や四国、北関東出身の母親たちが言うように、「地方ではみんな働くのが当たり前」なのだ。「女は働かない」「子育ては母親の義務」「保育園に子どもを預けるのはかわいそう」という人はどこにでもいるが、関西ではそれが強い。いまでも男尊女卑の意識が強く、公的な場においても、行政や組織の運営の責任者であるにもかかわらず、女性に対して差別的な発言をする人がいて驚くこともある。

「関西が気に入らなかったら来なければいいではないか」という意見もあるだろう。確かにそうだ。実際、大学進学では関西に若い人が集まっているが、仕事に就くときに、多くの人が関西から流出している。とくに働き盛りの年齢層の流出が大きい。それは男子だけでなく女子でも起こっている（これについては最後の章でもう少し詳しく触れる）。

関西では、高学歴の女性の場合、自分の能力やプライドに見合った仕事が、近隣にないことも課題である。たとえば大卒の女性が就くような仕事は、大阪や京都の中心部に固まっている。一方、滋賀県には製造業のラインの仕事が多い。つまり、高学歴の女性は、通勤に時間がかかる滋賀や奈良の奥に住むと、働く場所がないということだ。ちなみに奈良県は長時間労働の男性比率が最も高い地域の一つであり、夫の援助が得られないことも、働く女性が少ない理由の一つである。

結婚年齢が上がっている現在、今後は同時期に育児と親の介護を担うという、ダブルケアのリスクを抱える人も増えてくるだろう。女性がいきいきと働くためには、基本的には核家族でも、共働きが可能になる仕組みをつくることが急務であろう。

第6章　大卒無業女性と社会の未来

1．社会の変化から目をそらす関西の親と女子大生たち

これまで無業女性のなかでも、とくに大卒者について、国勢調査などのデータだけでなく、関西の大卒無業女性へのインタビュー、ヒアリング調査なども紹介しながら考察を重ねてきた。2章で見たように、雇用状況が改善している2016年でも、全国の大学を契約社員などの非正規雇用で1・1万人強、アルバイトで5000人弱、無業状態で約2・2万人という進路状況で女子学生が卒業している。

確かに人手不足といっても、地方によっては求人がないところもあるだろう。だが、関西では人手不足感が強まっているにもかかわらず、2016年には大卒女子約5・4万人のうち約20%弱が非正規雇用（3000人弱）、アルバイト（1000人強）、無業（5000人弱）の状態で卒業しているのだ。実際、彼女たちが就職に対して本気になれば、就職先はあったはずなのだが、なぜ無業やアルバイトで卒業してしまったのだろうか。またもう一つの問題として、せっかく就職しても3年以内に3割もの者が離職してしまうのはなぜだろうか。

これまで見てきたように、なぜ関西の女子学生が非正規・無業状態で卒業していくのかについては、いくつかの要因が考えられる。

第1に「結婚すれば、すべてが解決する。いずれは働く必要がなくなる」と親や本人も考え

ている。この考え方は関西で根強い。子持ちの母親たちのヒアリングを何十人かに実施したが、首都圏出身者は「首都圏では共働きが当たり前になりつつあり、女性の仕事の選択肢も豊富」といい、関西以外の地方の出身者は、北陸だけでなく、四国や山陰地方の出身者も「地方ではずっと働き続けるのが当たり前で、そういうものだと思っていた。関西に来て、子どもを保育園にも入れられず、母親は家にいるものという考え方が強いことに驚いた」という。

この意識を反映し、第2の要因として、関西では夫をはじめ、親世代や地域の意識も、女性が働き続けることをよく思っていない。いまだに、保育園整備に否定的な発言をする首長がいるような地域まであり、そういう地域では保育園整備も進まず、女性が働き続ける環境が整っていない。

第3に、女子大生にとって、将来のモデルとなるようないきいきと働き続ける女性と出会うことが少ない。関西でも働いている女性が増えているが、その多くは結婚・子育てでいったん仕事を辞め、パートで再就職という人である。また、社会人のスタートを切った卒業生の何人もが、「女性も働き続けることが可能な会社のはずだった。関東の支社では、子どもを産んで働き続けている人が何人もいるらしいが、関西ではまだ誰もいない。結婚するとみんな辞めているらしいし、労働時間も長い。とても育児休業を取れるような雰囲気はなく、モデルになる先輩がいない」というのだ。

このような要因から、関西の大卒女子は自分の将来に展望が描きにくく、仕事の面白さや働

表1　大学の難易度別・実際になりそうなライフコース

	未婚	ディンクス	両立	再就職	専業主婦	合計人数
短大	17.5%	1.9%	25.0%	40.1%	15.6%	212人
大学1（下位）	22.4%	3.9%	24.3%	35.5%	13.8%	152人
大学2（中位）	17.1%	2.6%	22.8%	41.1%	16.5%	492人
大学3（上位）	14.0%	1.3%	27.1%	39.3%	18.3%	229人
合計	17.2%	2.4%	24.3%	39.7%	16.3%	1,085人

大学グループ間の有意差無し

く喜びを味わう前に簡単に会社を辞めてしまうのだ。すると会社側は、すぐに辞めてしまう女性を育成しようという意欲を失い、ますます女性の育たない職場になっていく、という悪循環になっている。

このようにせっかく就職しても、短期間のうちに仕事を辞めたり、働く喜びを語れなかったりする先輩をみて、女子学生はさらに働くことに忌避感を持ってしまうようだ。

しかも、いったん仕事を辞めたり、新卒時の就職がうまくいかなかったりすると、関西では女性が正社員として働く機会が限られてしまう。大卒女性が好む仕事は首都圏に集中しているだけでなく、そもそも日本全体で女性の非正規化が進展するなか、関西はとくに非正規率が高いからだ。女性が正社員になれるチャンスが増えているのは、首都圏だけである。

これは関西だけの話ではない。さきほど地方では女性も働き続けるのは当たり前といったが、とはいえ大卒女子の働ける職場は限られている。関西の大学には四国や山陰、山陽地域から進学してくる女子も多い。卒業後、彼女たちが地元に戻ろうと思っても、少子化や人口が減少するなか、教員や公務員の採用数は激減しており、あとは数少ない地元企業の採用に応募するしかない。

地元企業の採用試験を受けた女子学生に聞くと、違う大学に進学した高校の同級生を何人も見かけたという。彼女たちは、実親が近くにいないと子育てしながら働けないと思っているから、地元で就職をと考えているのだ。そのため地元で就職できなければ、女性が働きにくい関西や地方にとどまる理由はなく、よりよい仕事があるところ、もっとチャンスの多い首都圏へと流出していく。こうして人と仕事と企業はますます首都圏に集中するのである。

2．大学の格差が女子学生に与える影響

ここで、もう一度4章で取り上げた筆者が実施した調査から、京阪神の女子学生のライフコース選択について見てみよう。今度は大学の難易度別に実際になりそうなライフコースをまとめてみた（表1）。

実は理想のライフコースでは短大では専業主婦コースが多く、大学3では両立コースが多い

など統計的にも大学間の差があったが、実際になりそうなライフコースではその差はなくなってしまった。結果的にはどの大学グループも結婚・出産で仕事をいったん辞める再就職コースが、最も実際になりそうなライフコースである。教育にお金をかけ、努力して難易度の高い大学に入っても、本人が就業継続できると思う確率を高めていないのである。

この結果から、社会状況が激変しているにもかかわらず、結局、京阪神の女子大生の過半数は結婚したら仕事を辞めることになるだろう、「再就職」「専業主婦」になるだろうと予測していることが見てとれる。そのことが進路について考えることや、適切な就職活動や就業継続の妨げになっていないだろうか。「どうせ結婚したら辞めるのだから、そこまで一生懸命職探しはできない」「どうせ続けられないのだから、がんばる理由がわからない」というのが、無業やアルバイトで卒業する女子大生の常套句である。

また、小杉（2007）は全国の4年生大学の大学生の就職活動について分析し、選抜性が低く、難易度の低い大学で、未内定者や就職活動をしない者が多いことを見つけている。もちろん難易度の高い大学でも、有名企業ばかり受け続けて内定を取れない学生もいるし、就職活動をしない学生もいる。だが、比率としては難易度の低い大学の卒業生の方が無業で卒業する比率が高い。つまり、大学1は大学3に比べ、無業やアルバイトで卒業する者が多いということになる。

1章で述べたように、一億総活躍社会では女性が働き続け、しかも管理職など指導的地位に就くことも目指している。これまでは、どんなに高学歴でも、難易度の高い学校を出ていても、女性が仕事を続けることは難しかった。だから、結婚や子育てで仕事を辞め、パートで再就職するのがお定まりだったときは、高卒だろうが大卒だろうが、どんな学校を出ていようが関係なかった。一昔前に、私の友人などは、「東大を出ているのがかえって足かせになって、パートの仕事にも就けない」と言っていたものだ。

だが、もし本当に政府や企業が少子高齢化の人手不足を受けて、本格的に女性を育成するようになってきたらどうなるだろうか。企業側は潜在能力が高いと思われる女性を選ぶだろう。大学進学が多数派になるなかで、女性へのチャンスの広がりは、それをつかめる女性とそうでない女性を生みだし、大卒女性の間でも格差が広がると考えられる。

さらに小杉（2015）は、中卒、高卒、短大、大卒の学歴差による雇用形態の格差が広がっていることも見つけている。また先に挙げた大阪府の調査報告書（2015）でも、学卒期からずっと無業で職歴もなく、就業意欲も失っている層には、低学歴で家庭の経済状況の良くない者が目立つという。

2015年の「労働力調査」から未婚と思われる単身世帯（一人暮らし）の25～44歳の女性の無業率を学歴別に見ると、中・高卒が16・2%、短大・高専卒で5・9%、大学・大学院卒で6・7%である。ちなみに、既婚者の場合（2人以上の世帯で、うち世帯主の配偶者を試算）は、25～44歳ではどんな学歴の女性も38%前後が無業である。

親の経済力が子どもの学力や進学を左右することは、いまでは広く知られているが、実際、4章の女子大生の調査において4年制大学の学生だけを取り上げても、親の学歴や経済力に差が見られた。難易度の高い大学の在学生の父親ほど、学歴が高い。世帯の収入はわからないが、女子学生の小遣いやアルバイト状況から、大学3の女子学生の方が経済的にゆとりのあることがうかがわれる。

しかも「実際には結婚しないのではないか」と考える女子大生の比率も、全体では約6人に1人となっているが、大学1では2割を超えている。必ずしもそうなるとは限らないが、生涯未婚率と離婚率は上がっており、まずは自立できる経済力を身に就けることが女性でも必須となっている。2015年の国勢調査を見ると、50歳時点の女性の生涯未婚率は13%を超え、離別者も10%近い。これに死別者を足すと約25%となり、今や50歳の女性の4人に1人は一人で生きていかなくてはならない時代になったのだ。

さらに、何度も述べてきたように、無業や非正規では、正社員に比べ女性でも結婚確率が下がる。2015年に実施された「第15回出生動向基本調査」によると、女性の93・3%が「結婚相手の男性の経済力を考慮する」と答えている。確かに収入が低かったり、非正規であったりする男性の未婚率は高い。ところが同じ調査では男性の方も41・9%の人が「結婚相手の女性の経済力を考慮する」としていることにも注目すべきだろう。いまや、女性も一人で生きていけるだけの生活力を有しているかどうかは、結婚や人生を左右する重要なファクターになってきたのだ。

3．低い女性就業率が招く関西の伸び悩む消費と経済

低い女性の就業率は、関西にどのような影響をもたらしているだろうか。2015年3月、日銀・大阪支店が関西の消費が伸び悩んでいる状況ついて、「関西における個人消費と所得の特徴について」というレポートをまとめている。

それによると、関西は世帯当たりの可処分所得が全国や関東に比べて見劣りしており、それが関西の消費や関西全体の経済の足を引っ張っているという。しかも日銀レポートでは、関西の女性の就業率の低さが、その状況を生みだしていると指摘しているのだ。いったいどういうことだろう。

そこで筆者も「家計調査」のデータから、図1に「世帯主の勤め先収入」をまとめてみた。「家計調査」とは総務省の統計局が継続して実施している調査で、各地域から世帯を選んで家計の記録をつけてもらい、地域ごと、世帯類型ごとの平均収入などを出しているものである。そこから毎年の平均年収を算出した。

そもそも関西の世帯主の勤め先の平均収入は、全国よりは高いが関東より低くなっている。2015年時点の世帯主の勤め先収入は、年収ベースで関東が約536万円、全国が約495

図1　世帯主の勤め先収入（地域ごとの平均年収）割合

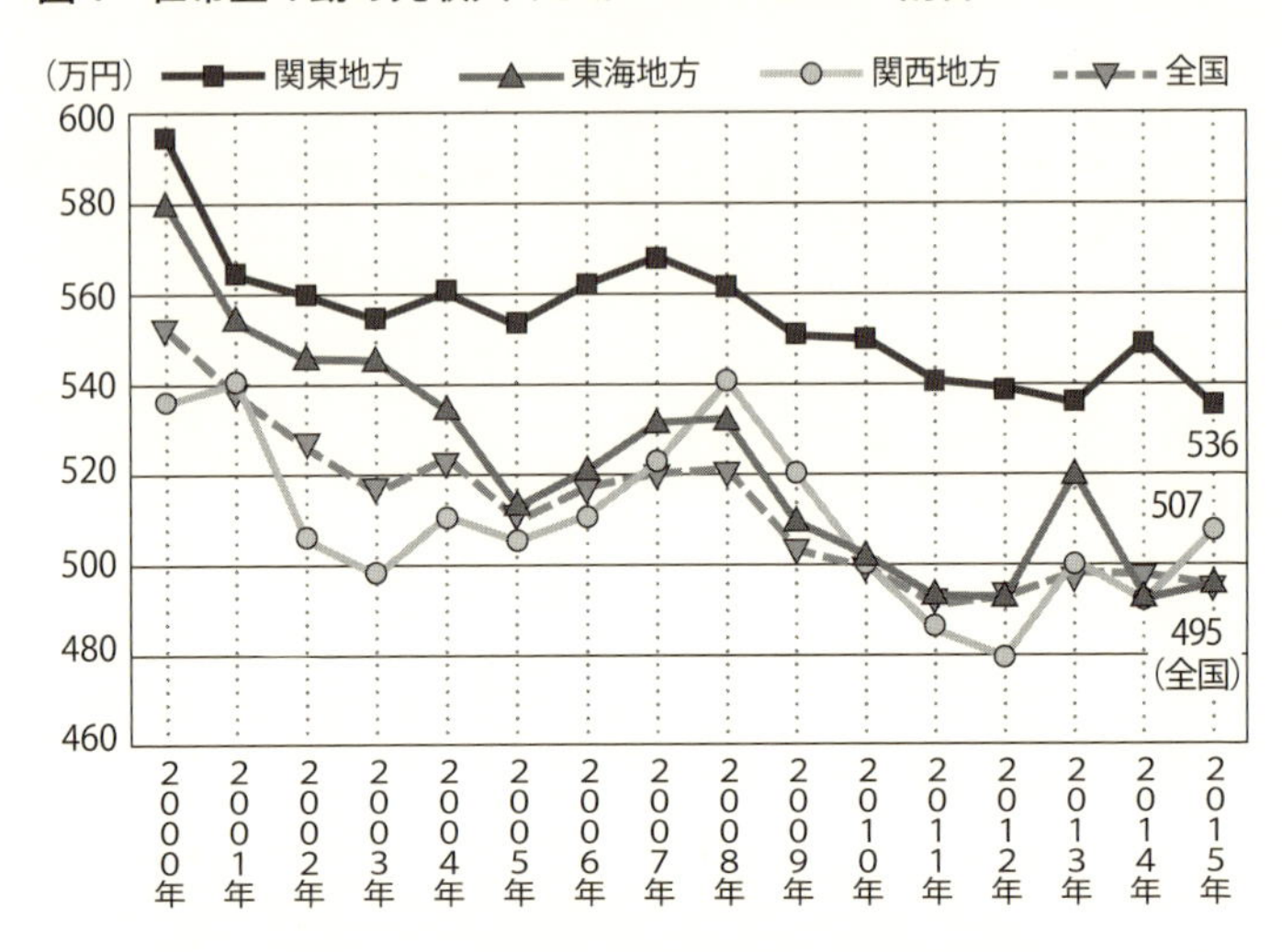

資料：総務省「家計調査」２人以上の世帯（勤労者世帯）の収入から試算

万円、関西は約507万円、東海が約496万円である（図1参照）。

図2には同じように、「配偶者の勤め先収入」（99％が女性）をまとめてみた。配偶者の年収は関東では約72万円、全国が約78万円、東海が約78万円、関西は57万円である。

図3には、世帯主と配偶者の年収を足した「世帯の勤め先収入」をまとめている。世帯の勤め先収入は年収ベースで関東が約607万円、全国約573万円、関西は約564万円、東海が約575万円であり、関西が最も低くなっている。関西の世帯の勤め先収入は関東のみならず、全国平均、東海をも下回っているのだ。この関西の世帯収入の低さが消費増に結びつかず、関

図2　配偶者の勤め先収入（地域ごとの平均年収）

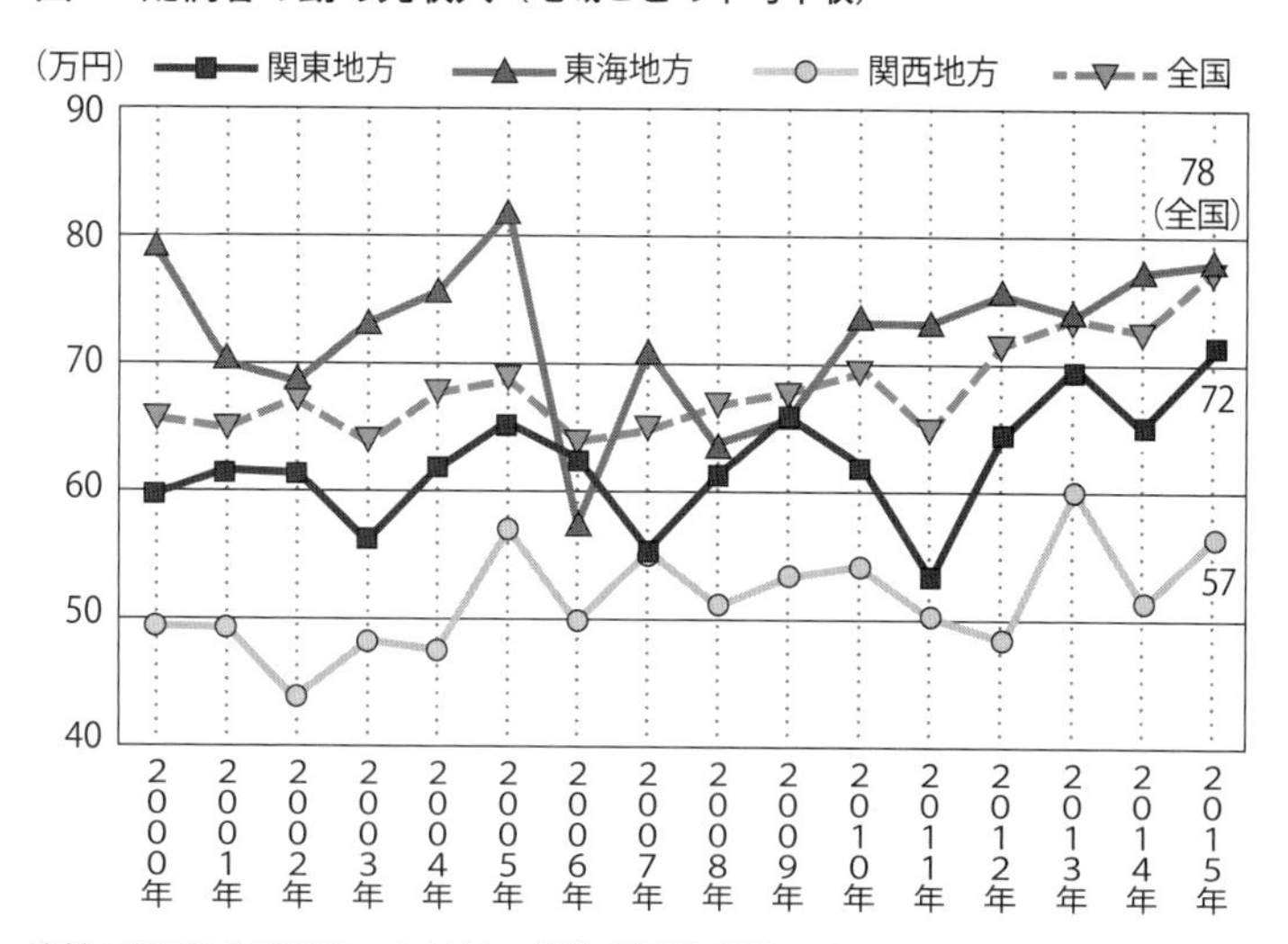

資料：総務省「家計調査」２人以上の世帯（勤労者世帯）の収入から試算
※配偶者の99%は女性である。無業の配偶者の収入をゼロとして計算。

図3　世帯の勤め先収入（地域ごとの平均年収）

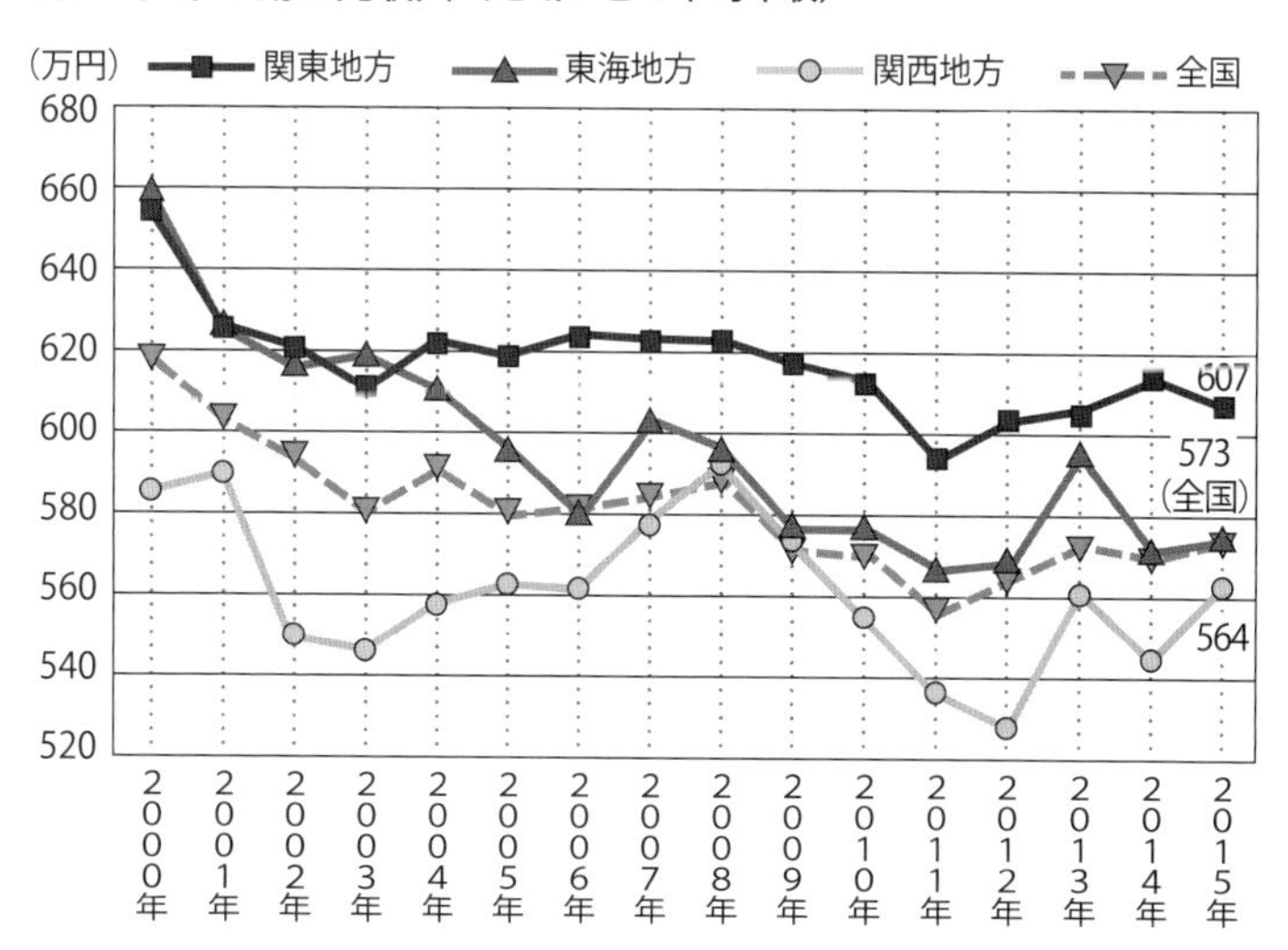

資料：総務省「家計調査」２人以上の世帯（勤労者世帯）の収入から試算
※世帯主と配偶者の勤め先収入の合算。

西経済の足を引っ張っているというのが、日銀のレポートの指摘だった。

関西の配偶者の収入が低いのは、そもそも働いていない人が多いことや、働いていても非正規が多いという要因がある。日銀のレポートでは、さらに関西は女性の大学進学率が高いにもかかわらず、その教育が就労に結びついていない現状を課題と見ている。

改めて、図1を見るとわかるように、日本では2000年からずっと世帯主の勤め先収入が減少傾向にある。とくに関西は全国平均よりは少し高いものの、年収は下がっている。若い世帯が「共働きでないとやっていけない」というのは事実なのだ。ところが、これまで見てきたように、関西では既婚女性が働く土壌が形成されていない。妻が働いて収入を補おうとしても、関西ではそれができないというのが現状である。

つまり、女性の就労を阻む関西の環境が、関西経済の縮小を招いていることがデータからも明らかなのだ。ところが、ずっと関西にいる女子学生たちも親も、関西の相対的な位置づけがどうなっているか、知ることがない。それが問題である。

授業で、「高い収入のある男性と結婚して、専業主婦になれる可能性は低い。雑誌に出ているような、趣味を優雅なお仕事にできる豊かな専業主婦は一握り。結局、多くは家計を補うためにパートで働くようになる」と話しても、女子学生はざわめきつつも、「でも、自分だけは大丈夫」と思っている。それは親たちも同じである。「自分の娘は特別だ」と信じようとしている。

関西の何人かの男性たちに聞くと、「娘には働いて自立して欲しい」という人と、「娘には働いて欲しくない」という人とに真っ二つに分かれる。「働かない女性」がどんな人生のリスクを抱えることになるかを、知らない、知ろうとしない父親たちがたくさんいるということだ。

しかもいまの日本では、無業女性が結婚したからといって、すべての問題が解決するわけではない。関西の親たちも女子学生たちも、このことをしっかりと認識するべきだろう。

4. 女性の働き方によって変わる世帯の収入格差

一方、一億総活躍で女性の登用や活躍が進めば、それですべての問題が解決する訳でもなく、新たな副作用を引き起こす可能性もある。それは格差の拡大である（筒井 2016)。日本でも世帯の所得格差が広がってきているが、その要因は単身世帯が増え、その貧困率が上がるとともに、高所得の正社員同士の共働き世帯が出現してきているからと考えられる。

筆者が横浜市役所に勤めていたころ、保育料基準額を変更するために、市が保育園に子どもを預けている世帯の所得分布を取ると、低いところと高いところに山ができる、まさにM字の所得分布になっていた。低い方はひとり親世帯、高い方は大企業に勤める正社員同士の世帯である。ひとり親のとくに母子家庭の世帯の所得が低いのは、母親の多くが非正規の仕事にしかつけないからであった。

実は米国では日本より先に、こうした世帯の所得格差が進展している。もちろん、一部の高所得者が富を独占していることもあるが、もう一つの背景には、女性にも就業のチャンスが開かれた社会であり、女性の就業や収入が重要性を増していることがある。いまや世帯にとって女性の収入は補足的なものではなく、重要な大黒柱になっているのだ。

米国では同類婚といって、同じような学歴や階層の者同士が結婚する傾向が見られる。そのなかでもとくに「力のある者同士から順にマッチングしている」ことを、アソータティブ・メイティング(Mare 1991, Blossfeld 2009)という。米国ではそれが起こっているのだが、少し長くなるが、筆者が子どもを連れて米国のビジネススクールに留学した経験をもとに、この状況を説明しよう。

まず留学後まもなく、米国は階層社会であることを実感した。米国人学生の何割かは明らかに富裕層の出身であり、いくつかの特定の有名高校(大学はもちろんだか)の出身者でもあった。米国人の学生同士が、話している間に同じ高校の同窓生であったり、実家が近くであったりすることに気づくという場面にも何回か遭遇した。米国では郵便番号で所得階層がわかるといわれるぐらい、所得によって住居のすみわけが進んでいる。階層が違うと住んでいる場所も行動範囲も違い、お互いにほとんど会うこともない。

米国では10代からの人脈づくりと基礎教養教育のために、富裕層は同じような階層出身者が集まるプレップスクールといわれる私立高校に子弟を送り込む。ブッシュ大統領一族が学んだフィリップス・アカデミーなどが有名である。プレップスクールには共学・男子校・女子校があるが、米国の場合、「ハイスクールスイートハート」といって、高校時代から交際が活発である。そこで自然と同じ階層の人としか出会わないように、親が仕向けているのだ。そういった高校出身者は、ビジネススクールにおいても特定のグループを形成しており、一般の学生とはあまり交わらなかった。そんな富裕層の学生に対して、「彼らはブルーブラッド（青い血・貴族階層の意味）を守らないといけないから」と、ほかの米国人学生は冷ややかだった。米国の大学の授業料は法外に高いが、もちろん彼らのような階層は、親が全額支払い可能である。

次にアソータティブ・メイティングについて説明しよう。

ビジネススクールは基本的に社会人経験が数年ある者が入学してくるところで、学生の多くは20代半ばから30代前半であり、授業の課題で頻繁にグループワークがあったり、定期試験終了後のパーティーがあったりと、自然とカップルができるようになっている（そのほか、世界中からきている留学生たちとのネットワークをつくるという目的もあり、筆者の学校では、留学生出身国別ブース出展対抗戦などまであった）。

既婚状態で来る者もおり、その場合は夫が勉強している間に妻が働いて生活費を稼ぎ、それが終わったら今度は夫が働き、妻がビジネススクールで学ぶというカップル（逆パターンも）が何組もいた。ビジネススクールに来る学力や財力・意欲がある者どうしが、学校で出会ってカップルになったり、さらに力をつけようと夫婦交代でビジネススクールに来たりする。夫婦でビジネススクールで学ぶ計画を立てている米国人学生に理由を聞くと、「リスクヘッジ」だと言われた。片方が失業するようなことがあっても、片方が働いて生活を支えられる、というわけだ。

何においても「自己責任」という考え方の強い米国では、高学歴で稼ぐ力の高い者同士が結婚して、自分たちの暮らしを守ろうとしている。妻の収入は世帯の経済力を維持するために欠かせず、それなら所得の高い妻の方がよい、ということになる。つまり、エリートの女性がエリートの男性を好むだけでなく、その逆もまた真というわけだ。実際、米国では就業率の伸びが高いのは、低い所得より高い所得の夫を持つ妻である（OECD 2014）。そうやって力のある者同士が結婚する〝アソータティブ・メイティング〟が起こっている。

また、連邦政府の制度として育児休業制度のない米国では、女性自身が学歴という武器を身につけ、育児休業制度や事業所内保育園を持つ優良企業に就職することが、ワーク&ライフバランスのとれた職業人生を送るのに欠かせない第一条件になっている。それに職場での男女差別が日本よりずっと少ない米国では、高学歴で好条件の就職をすれば、女性一人でも十分に食べていけるだけの収入が得られる。独身でも、ひとり親になっても困らない。高学歴の女性ほど、学歴は自分の人生を開拓していくうえで欠かせない道具と力であり、仕事をすることによって投資した教育の果実を得て、自分の人生を切り開くという考えが強い。

だが、日本では女性の社会進出はそこまで進んでおらず、企業側にも女性を育成する意識が低い。イギリスの雑誌「エコノミスト」は２０１１年の記事で、「日本企業は紙のリサイクルには熱心なのに、女性の能力をいかせず浪費している」とし、「日本の高学歴女性は、職場での行き詰まりから離職する比率が高い」というデータを紹介している。ＯＥＣＤ（2013）のデータを見ても、大学卒の25～34歳の女性の就業率では、日本はＯＥＣＤ諸国32カ国中28位の低さである。

しかし、日本でも女性の育成が本格的に始まれば、そのチャンスをつかみ、米国の女子学生と同じように考える者が増えてくるだろう。実際、女子学生のなかには、早くからそれに気づき、周到に準備をし、働き続けられる恵まれた仕事を手に入れる者もいる。まさに、日本でも学歴格差による女性間の賃金・待遇格差がはじまっているのだ。

5．これから日本はどうなるのか

しかし、前述したように個人で人生のリスクヘッジをしなければならない米国社会の在り方に、北欧の学生たちは批判的だった。

「個人のリスクを守り、国民の幸福を最大限にするのが政府の仕事のはずだ。十分な公的医療保険や育児休業制度も万人に保障されない国が、本当に効率的な社会なのか？　税が安い分、自分たちでリスクに備えなくてはならないのであれば、結局コストのかかる非効率的な社会ではないか」「シングルマザーが貧困に直面し、子どもたちが満足な教育を受けられないのであれば、子どもの能力を伸ばすこともできず、貴重な人材を無駄にしている」と、彼らは疑問を呈していた。そして、「本当に競争力のある効率的な社会システム、つまり一人ひとりの人間の能力を最大限活かす社会は米国型なのか、北欧型なのか大きな社会実験の時代だね」とも問いかけていた。

もちろん、結婚の自由に国家が踏み込むことは許されない。だが、個人でリスクヘッジをするために、もともと力のある者同士が結婚すれば、さらに世帯間の格差が拡大し、それが次の世代、子どもたちの格差の拡大につながることは確かだ（エスピン・アンデルセン 2011）。

実際、北欧では手厚い保育や育児休業制度によって、女性が正規で働き続けることを可能にし、非婚でも、ひとり親でも経済的に自立できるようになっている。こうした政策と児童手当が相伴って、子どもの貧困率を下げた。さらに無償の高等教育などは、どんな家庭に生まれても、本人が望めば十分な教育を受けられることを可能にしている。だが、こうした〝いざ〟というときに頼れる公的セーフティーネットは、高い税や社会保険料で支えられていることは忘れてはならない。つまり、働ける人は一人でも多く働き、その所得から社会を支える費用、つまり税や社会保険料を負担することが前提になっているのである。

スウェーデンに行ったとき、現地の女性からは「スウェーデンには専業主婦になる選択肢はないのよ」（専業主婦比率は2％）と言われたものだ。

自己責任論が徹底している米国でも、社会のセーフティーネットが充実しているスウェーデンでも、女性が働くことは当たり前のことである。北欧では「積極的労働市場プログラム」といわれる、無業者に職業訓練を与え就労させる政策が日本よりはるかに強力に展開されており、ある意味、無業であることが許されない社会でもある。

筆者は、日本は北欧型を目指すしかないと思っている。少子高齢化で働き手が急速に減少するなかで、さらに働き盛りの介護離職が10万人を超えているという現状は見逃せない。合計特殊出生率が2を下回りだした１９７０年代後半からの世代は、兄弟数も少なく、４人に３人が長男か長女である。その者たちが親の介護を担わなければならない時代なのだ。こんな社会で自己責任を徹底すれば、誰もが立ち行かなくなる。

日本でも最近になってやっと、非正規社員の広がりやその低い処遇が未婚率を上げ、一層の少子化を招くとし、「働き方改革」を看板に掲げて同一労働同一賃金の導入や長時間労働の是正を目指す動きが出てきた。いまのように正規と非正規の処遇の格差が放置されたままで、非正規雇用比率が上がれば、若者は結婚も子育てもできず、さらに少子化が進展し、日本社会の存続そのものが難しくなることは間違いない。

だが高齢者が増えるなかで、支え手が少なくなる日本では、みながどんなに働いても、いまの北欧のような手厚い保障は難しいだろう。本来は、バブルが崩壊し、新卒無業者が激増した１９９０年代から社会の仕組みを変え、男女を問わず若者が自立できるように改革をするべきだった。そうすればここまで、若者の貧困化や未婚化が進むことはなく、少子化が進展することはなかっただろう。バブル崩壊から20年もの時間を、みすみす日本は失ってしまったのだ。

6．果たして関西に女性はとどまるか？

今後働く女性が増え、ますます女性の所得が世帯所得を左右するようになったときに、女性の働く環境の整っていない関西に、果たして高学歴の女性はとどまるだろうか。

『平成27年版男女共同参画白書』によると、２００４年から２０１４年の10年の変化を見ると、女性の正規雇用が増えているのは東京圏だけである。もし、本当に自立できる正規の職に就きたいと女性が考えるのであれば、東京圏の方がチャンスがあるということになる。筆者の大学の女子卒業生も、名古屋勤務から関西に戻ろうと転職を目指したが、結局、現職より条件のいい正規採用の転職先は東京圏にしかなく、名古屋から東京に転職していった。

では実際、どれくらいの人々が関西から移動しているのだろうか？『住民基本台帳人口移動報告』から見てみよう。

総務省統計局の資料によると、すべての年齢層の転出入をまとめると、東京圏の都県はすべて、転入者が２０１１年以降、加速度的に伸び続けている。転入超過だが転入者数が減少したのは埼玉県のみである。東京圏に最も人口を流出させているのが、大阪府（１・１万人強）であり、次が兵庫県（８０００人弱）である。しかも大阪府は東京都への流出者を増やしている。

実は大阪圏が転入超過だったのは、1970年代前半までである。それ以降、東日本大震災の年（2011年）とその翌年を除いては、大阪圏からは人口が流出している（大阪府のみ、2015年は2年ぶりの転入超過だが、兵庫県、京都府、奈良県が転出超過で、大阪圏の転出超過はかわらない）。

表2に東京圏、名古屋圏、大阪圏の住民の転入超過数を男女年代別にまとめてみた。データは2014年と2015年である。東京圏では男性は15〜34歳ぐらいまでは転入超過だが、30代後半から転出超過になる。女性では15〜44歳まですべて転入超過である。名古屋圏では、男性は20代前半までと30代後半に転入超過、女性はほとんどすべての年齢で転出超過である。大阪圏では15〜19歳の男性は転入超過だが、就職時の20歳以降は流出している。女性は20代後半からずっと流出である。

大阪府はこのことを、「まず男性が仕事を求めて東京圏に行き、女性は結婚して世帯ごと東京圏に移動している」と説明している。それだけでなく、「雇用動向調査」や各大学の進路実績を見ると、近年、女性も新卒時に東京本社の企業に勤め、実際の勤務地も大阪圏から外に行く者が増えている。また、関西が本社の会社であっても、女性営業職などは新人時代に東京に配属される例がある。その理由を企業に尋ねると「女性への差別感が強い地域では、女性営業職はいまだにいやがられる。偏見なく新人女性営業職が経験を積めるのが首都圏だから」という説明であった。結局女性自身も、仕事の経験を積み、チャンスをつかむために東京圏へ移動して

表2　東京圏、名古屋圏、大阪圏の住民の転入超過数

		東京圏		名古屋圏		大阪圏	
		2014年	2015年	2014年	2015年	2014年	2015年
15〜19歳	男性	14,593	14,742	742	912	2,575	2,469
	女性	11,222	11,742	−150	−315	2,382	2,483
20〜24歳	男性	28,793	31,063	2,171	1,889	−2,433	−2,348
	女性	31,581	35,454	−407	−821	3,305	3,716
25〜29歳	男性	8,634	10,187	−82	−299	−3,310	−2,884
	女性	8,502	9,881	−187	−188	−2,165	−2,165
30〜34歳	男性	1,172	1,264	−51	10	−2,089	−1,770
	女性	3,003	3,286	−98	114	−1,995	−1,796
35〜39歳	男性	−10	116	163	100	−1,297	−1,115
	女性	1,810	1,399	−228	−165	−1,001	−926
40〜44歳	男性	−45	−236	97	347	−548	−647
	女性	1,545	1,692	−71	−112	−37	−246

（単位：人）

資料：総務省統計局（2014、2015）「住民基本台帳人口移動報告」より
東京圏：東京都・神奈川県・埼玉県・千葉県／名古屋圏：愛知県・岐阜県・三重県／大阪圏：大阪府・兵庫県・京都府・奈良県

いるのだ。

東京の若者ハローワークで働いているキャリアカウンセラーによると、正規の職を求めて、信州や北関東、そして最近では北陸から女性たちが単身で仕事探しに来ているという。それなりに職歴がある女性だと、正規職が決まり、東京に住みつくらしい。「住居費が高いでしょう?」という私に、カウンセラーは「東京では女性専用のシェアハウスなど、比較的低予算で若年者が住居を確保できる環境が整ってきている」と言う。なかには九州から職探しに東京に来た人もいて、「大阪でも、名古屋でもそんなにいい仕事はなかった。これなら最初から東京に来ればよかった」と、東京で就職したという。

確かに2016年に入って、関西では人手不足が広がり、求人倍率はバブル期を超えている。しかし求人倍率を上げているのは「輸送・機械運転」「建設」や「サービス業」であり、しかも過半数は非正規での求人で、女性の希望職種とのミスマッチがある。結局、女性に魅力のある仕事やチャンスのある場所にしか女性はとどまらない。いきいき活躍する女性を見ることができなければ、それに続く若い女性は育たない。

加藤(2015)は、関西の少子化の背景を分析し、関西の少子化の一番大きな要因が、若年女性の関西からの流出にあることを発見し、女性が関西にとどまれるような雇用・社会環境の整備が急務であるとしている。しかし、これは関西だけの話ではない。地方では人口の流出が止まらず頭を抱える自治体が山ほどあるのだ。

若者や女性が安心して住み続けられる社会になるために、どうすればいいのだろうか。日本全体が、女性がいきいきと学び、働くことに希望を持つことができる社会になること。女性が自信を持ち、自立する力を身につけることができる社会になること。そして、恋愛や交際相手を見つける意欲を持つことができ、安心して結婚や出産ができる社会になること。そうならないと女性の活躍など無理である。

7. 女性活躍推進はすべての人の働き方の見直しも迫る

少子高齢化が進むなか、政府が進める一億総活躍社会は、ただ女性を安く便利に働かせることのみを目指してはならない。これまで見てきたように、多くの女性が働く時代は、女性間の格差、さらには世帯間の格差が広がる厳しい時代の始まりかもしれない。これまでの世帯の格差は、夫の格差であったが、これからはそこに妻の格差も加わることになるからだ。

先にも触れたように、政府は非正規の不安定な身分や低収入が結婚への妨げになり、少子化を加速させていると、同一労働同一賃金の導入など「働き方改革」を打ちだしている。

筆者はかつて、ワークシェアリングや非正規労働者の正規化の調査のために、日本の大企業の労働組合幹部とオランダを訪れたことがある。組合幹部は同一労働同一賃金やワークシェアリングの意義は認めつつも、それが年功序列賃金で守られている正規就労の男性の賃金をおびやかす可能性があることを危惧していた。

すでに日本の大企業は生き残りのために、正規社員を少数精鋭化し、非正規社員を増やして人件費を抑える戦略を取りだしている。そうしたなかで非正規の待遇を改善し正規化を進めるということは、これまで少数の正規社員に回されていたパイが減る、つまり待遇が下がる可能性があることを意味する。

なぜなら、いまの状況は大勢のパート、契約社員が安く働くことで企業の利益が守られ、少数の正社員の給料が守られている側面があるからだ。加えて、多くの主婦がパートで扶養の範囲で働くのは、夫が正社員でそれなりの収入があるということが前提になっているからだ。

非正規社員の正規化を進め、ワークシェアリングを進めることは、これまでフルタイムで働いていた正社員の一人当たりの労働時間を減らし、収入を減らすことを意味する。

「なぜ正社員で構成される組合が、非正規社員の正規化やワークシェアリングを受け入れたのか?」という問いに、オランダの組合幹部の回答は明快であった。

「一つには、自分たちの妻だけでなく、息子や娘たちといった若い世代がまともな仕事につけず、安く雇われている現実を無視できなくなったこと。さらに非正規で安く雇われている人のなかには、能力が高く、正社員と変わらない仕事ができる人が何人もいた。この状態を放置すれば、いずれ企業は正規雇用者をすべて非正規に置き換えることが予想されたからだ」という答えだった。

オランダは1957年まで既婚女性の就労を禁じる法律があったほど、男尊女卑の強い保守的な国であった。それが高失業率や高騰する社会保障関係費用、非稼働人口の増加で、「オランダ病」とまでいわれるほどのどん底まで落ちたことで、改革に踏み切った。

1990年代後半以降、福祉改革や雇用形態の柔軟化、パート・フルタイムの相互移動の自由（どちらも正規雇用で、労働時間が違うだけである）、家族へのケア休暇の充実など、就労形態の多様化を進め、就業への参加を推進してきた（水島2012）。オランダは女性だけでなく、すべての人の働き方を変えたのだ。

では、いまの日本の状況を考えてみよう。これまで正社員が行っていた仕事を、（扶養の範囲でしか働けないからと）優秀な女性が時給900円で担ったら、企業は正社員を雇い続けるメリットがあるだろうか。「パート女性の戦力化」を進める企業が増え、雇用の非正規化が急速に進んでいる。女性だから安く働かせればいいと考えていると、結局は正社員の首を絞めることになるということに、そろそろ気づくべきだろう。

もちろん、欧州型の同一労働同一賃金をそのまま日本に持ち込むのは難しいかもしれない。日本の場合は、同じ仕事をしていても勤続年数に応じて昇給していく年功序列賃金制度や、人事異動などによって様々な仕事をする代わりに、定年まで雇用を保障するという正社員制度が基本になっているからだ。

また、同一労働同一賃金は、すべての女性にメリットがあるわけではない。夫の所得に依存する一部の専業主婦の世帯は、厳しい状況になるかもしれない。年功序列賃金の場合、最も子どもの教育費がかかる50代前半に所得がピークを迎えるようになっているが（日本でもすでにこの原則は崩れだしているが）、同一労働同一賃金ということは、労働者の年代に関係なく、同じ仕事をしていれば20代でも50代でも同じ賃金ということになる。欧州でそれが可能なのは、大学も含めて教育費が低廉か無償であることや、児童手当などにより世帯の所得に関係なく、子どもの最低限の生活レベルや教育を受けられる環境を保障しているからだ。

そして、女性が働き続けるためには男性の働き方も変わらないと無理であり、日本もいよいよ男性も含めての働き方や処遇体系の改革が迫られている。よい意味での就業形態の多様化が進めば、それは女性だけでなく、介護や家族の問題を抱える男性にとっても、就業継続の可能性を開くことになるだろう。

8. 大卒無業女性を減らすには

最近では女性の貧困問題も数多く取り上げられるようになり、対策への処方箋も出されだしているが、最初に述べたように、本書では本来ならば貴重な労働力になるはずだった大卒の無業女性についてのみに注目して、できることを考えてみたいと思う。

大卒無業女性を生みださないためには、彼女たちが子どもの時代から、働く面白さを見せられる大人に出会うことが必要だ。社会に、女性でも働き続けられる仕事が増え、男女問わず、いきいき働く大人が増えること。家族の介護や様々な事情で、いったんは仕事を辞めることになっても、また再就職できるチャンスが広がること。その姿をごく普通に見ることができ、働く意味を語れる大人が身の回りにいることが、学生たちへの一番のキャリア教育でもある。女性だからパートでいいと安く働かされ、仕事と家事で疲れ果てる母親や女性たちを見て、どうして女子学生が働き続けることに希望が持てるだろうか。

しかし、理想を語っていても始まらない。2012年には6万人以上の女子学生が、就職状況がよくなってきている2016年においても5万人近くの女子学生が、無業、あるいは非正規雇用状態で卒業していく現状を、少しでもよくしていくために、大学や企業、政府ができることはなんだろうか。

第1に、大学での学びの動機づけのためにも、卒業後のなりたい自分を考えさせ、それを目指して目的意識のある4年間を過ごせるようなきっかけづくりが必要である。

本来、大学は自分が学びたいと思った学問をする場である。しかし、大学進学者が高校卒業生の過半数を超えるようになったいま、大学は多くの学生にとっては学問をする場ではなくなってしまっている。学生の多くが、将来何をしたいのかを考えないままに、ただ偏差値を見て、高校の進路指導の先生や親など周りの大人におぜん立てされ、悩むこともなく事実上エスカレーター式で大学に入学して来ている。

そんな学生たちにいま最も必要なことは、自分の人生は自分で切り拓くという自信を持たせ、自ら考え、行動できる主体性を持たせることである。そういう意味では、大学の授業やクラブ活動、ボランティアなどに取り組み、目的意識を持って、大学の4年間を充実したものにする、という意欲を持たせることが重要である。それが卒業後に社会で生きていく力になる。

第2にキャリア教育が必要であろう。それは単なる就職対策ではなく、今後、自分はどう生きていくのかを自ら考えさせる材料を与え、きっかけをつくるということだ。先に述べたように何も考えずに学生たちは大学に来る。だから、大学生になって初めて、自分が何をしたいのか、何が向いているのかを考え始めなくてはならないが、多くの学生はそれを先送りする。そのため多くの学生にとって、就職活動が自分で自分の将来を考える最初の機会になる。なかには就職活動解禁時期を迎え、同級生がリクルートスーツを着て企業説明会に行く姿を見て、初めて考えだすという状態の者も少なくないのだ。

最近の大学はどこでも、こうした学生に対してキャリア教育を始めているが、企業で働いたことのない大学教員には、企業で働くことや仕事のイメージを学生に持たせることが難しいのも事実だ。大学も外部の専門家と連携してキャリア支援を充実させていく必要がある。

とはいえ、そもそも就業意欲の低い学生や、「なんとかなる」と安易に考えている学生はキャリアセンターに相談にも行かず、講座にも参加しない。学生の自由に任せていると、参加者は対象学生の3割程度に過ぎないという大学もある。就職活動になかなか取り組まない学生の多い大学では教育カリキュラムに組み込み、早い時期から自分の将来について考えさせる動機づけが必要だ。

だが一方で、何もかも大学が用意すればするほど、学生は受け身になり、自分で考えなくなるという副作用もある。それこそ、ただ黙ってキャリア関係の授業に出ていれば、それで就職できると思ってしまう者もいる。結局は最初に述べたように、自分の人生は自分で選び取るという、学生の主体性なくして、小手先のノウハウを教えるキャリア教育は効果が低い。

第3に、男女差別だという批判もあるが、やはり女子学生に特化したキャリア教育も必要である。

大学では就職において男女差別はない、という建前の下で男女一緒にキャリア支援講座などが実施されているが、実際には女子学生と男子学生とでは就職への考え方や、求めるものが違う。共学校においても、女子だけを対象とした、女子の悩みや疑問に答えるキャリア支援講座が必要だと思われる。そしてまずは、彼女たちと等身大の、働く楽しさを話せる若手の働く女性と交流する機会を持たせ、働くことへの忌避感をなくさせること。それから順を追って、職歴を積み、結婚や子育てをしている年代の人たちにも会うようにしていくのがいいと思う。いきなり30代後半や40代のかっこいい働くママを見ても、あまりに自分たちとは遠く、女子学生たちはそこに至るまでのライフコースが見通せないのだ。いずれにしても、とにかく働くことの喜びや楽しさを語れる人と会うことが重要である。

そういう意味では、親の役割は非常に重要である。まずは、働く親が最も身近な大人の見本なのだ。親がいつも仕事に対する不満や愚痴ばかり言っていたり、女性が働くことに否定的であったりすれば、どうして女子学生が働く意味を見いだせるだろうか。女子学生が働くことに意欲を持つためには、子どものころからの親の言葉や姿勢が大きな影響力を持つ。

第4に労働法規や社会保障などの就労に関する基礎知識を教えることも必要だ。学生はあまりにもそういった知識がなさすぎる。正規と非正規の違いもわかっておらず、給与の手取りや額面、基本給や残業手当など、基本的な知識がない。学生のなかには「憧れのブランドだから」「好きな会社だから」という理由で、非正規で就職してしまう者もいる。一方では、絶対に正規職で就職しなければと、十分な知識のないままにブラック企業に就職し、体や心を壊し、短期間で退職する例もある。

また、SNSやインターネットから得たあいまいな知識を信じ、ちょっとでも「あそこの会社はブラック」と書いてあると、内定を断るような学生もいれば、大企業しか就職しないという学生もいる。その結果、どこからも内定を得られず、無職のまま卒業……という例もある。そんなことにならないためにも、就労をめぐる様々な制度や企業情報の読み取り方などを学ばせることも必要だろう。

第5に、いざというときのための支援機関や相談できる機関があるということを学生たちに教えておくべきである。

無業で卒業したり、初職を退職したりすると、卒業生たちは社会的ネットワークをあっという間に失い、助けや支援が最も必要な状態であるにもかかわらず、社会的に孤立してしまう。社会経験や情報の少ない同級生が、なんらかの具体的な支援をしてくれるわけでもない。卒業前に、大学のキャリアセンターでも継続的に相談にのることや、外部の公的相談機関などがあることを伝えておくことが必要だ。

また初職を辞めたいという卒業生たちに話を聞くと、「いまの会社の働き方が本当におかしい」のか、「単に将来を見通せない不安から焦っている」のかが本人にもよくわかっていないときがある。私が受けた相談のなかには、「出勤簿を課長が書き込み、残業していないことになっている」「セクハラを受けている」という驚くべき会社もあれば、働いている本人のわがままとしか思えない例もあった。そこで、初職を辞める前には必ず一度は、公的機関や大学に相談することを伝えておくことも大切だ。

だが、無業で卒業する学生の場合、多くは就職の決まった同級生と顔を合わすのもいやがり、次第に学校にも来なくなる。本当に消えてしまうのだ。彼らが気軽に大学などとつながりが持ち続けられるよう、SNSなどを使った支援も必要になってくるだろう。

そのほか、コンビニや駅にチラシをおいたり、インターネットの検索に引っかかりやすくしたりなど、なんとか無業の女性たちに就労支援や相談先の情報を伝える手段にも工夫を凝らす必要がある。

第6に、相談機関や支援機関をわかりやすく整理するか、包括的な窓口をつくる必要がある。現在のように、対象別の様々な支援機関が並立するような状態では、支援・相談機関があることに気づいても、そのなかから自分に適切な就労支援機関がどこなのかを見つけだすのは困難である。親しみやすい愛称をつけるのはいいが、地域によって、同じ制度でつくられた就労支援機関の名前が違っていたり、対象も異なっていたりする。一度行って、自分に合わないとなると、彼女たちは二度と相談機関に行かないだろう。

さらに、無業の彼女たちでも知っている唯一の職探しの場である「ハローワーク」だが、印象が非常に悪い。そもそもハローワークのなかに、「若者ハローワーク」や「新卒応援ハローワーク」があることを知らない人も多い。やっとの思いでハローワークに行きついたとしても、求職活動ができる状況に至っていない人も多い。

そういった女性がハローワークを訪れたときに、その場で帰すことなく、適切な相談機関やカウンセリングにつなぐ機会が提供できるかどうかも重要である。

第7に、無業の女性に対する支援の場をもっと増やすべきである。

厚生労働省は、就業準備のできていない若者に対応するために「若者サポートステーション」を設置している。当初に比べ女性の利用率は上がってきているようだが、最近でも全国平均で利用者の6割強は男性であり、女性向けのサービスは十分でない。しかも、そもそも若年無業者の人数に対して、若者サポートステーションが支援できているのは、ごく一部の人数にすぎない。しかも前述したように、最近はすぐに正規就労できそうな人に支援対象者を絞りつつある。

そうした現状のなかでも、たとえば横浜市男女共同参画センターでは、2009年から若年無業女性を対象に「ガールズ編 しごと準備講座」を開講している。ここでは、講座受講者のなかで、働くことに対して自信のない人や職歴のない人のために、センター内の喫茶店で経験を積む「めぐカフェ」事業を展開している。講座受講者は20~30代が中心であるが、若い世代ほど職歴がなかったり、初職が非正規だったりという人が増えているため、今後は全国でこういった施設が必要になってくるだろう。

たとえば、全国の都道府県や政令市に設置されている男女共同参画センターでも、女性の起業や子持ち女性の再就職支援だけでなく、大卒無業女子をはじめとした若年無業女性たちへのアプローチが本格的に開始されれば、それだけ救われる女性も増えると思われる。

第8に、これは企業側への要望だが、その会社で働き続けるなかで、どのようにキャリアを積んでいくのかという見通しを新入社員に持たせてもらいたい。

男女問わず、初職を数カ月から3年以内で辞める者が3割もいる。とくにそのなかでも早く辞めてしまった卒業生に話を聞いて気づいたことがある。それは、働くのがいやで辞めた卒業生ばかりではないということだ。

このままこの仕事をしていて、どうやって会社のなかで成長していくのか、これからどのような経験を積んでいくのかが若者たちに見えないために不安がつのり、辞めてしまうのである。つまり、いままでのように定年までこの会社での雇用が保証される、という安心感もないことから、「このままここにいても、能力も身につかず、ほかでは通用しない人間になるのではないか」と不安がつのるというのだ。

日本女子大学現代女性キャリア研究所（2015）の高学歴女性を対象とした調査では、77・4％が初職は正社員であったが、25～29歳で初職を継続している者は33・8％になってしまうという。この年代ですでに4割が転職を経験し、初職より小規模な会社や中小企業に転職したり、非正規になっていたりする。

またこの調査では子どものいない女性に転職・離職理由を聞いているが、「ほかにやりたい仕事があったから」「仕事に希望が持てなかったらから」がそれぞれ3割以上となっている。

最後に関西出身の30代のある女性の話を紹介したい。

彼女はデザイナーになるのが夢で、美大で学び、さらに専門学校で服飾デザインの訓練を受けてから、関西のアパレル会社にデザイナーとして就職した。だが入社後は、男性の上司から「女には仕事は任せられない」「女は無責任ですぐ辞めるから」と言われ、デザインの仕事は一切させてもらえなかった。5年間働いたが、この会社ではデザイナーとして仕事をするのは無理だとあきらめて退社したという。

その後、留学などを挟み、今度は規模の小さなアパレル会社に、契約社員ではあるが、デザイナーとして就職した。デザイナーとしての仕事はできたが、オーナー会社で、社長が怒鳴り散らすため、うつになって辞める社員がいるような会社だった。周知の通り、大阪は繊維や衣料品製造の会社がかつては栄えていたが、いま日本のアパレル業界は苦境にある。製造から小売りまで直営で行うSPAや安いファストファッションが栄え、大手ブランドでも厳しい状況だ。彼女の勤務先の会社では、なんとか多品種少量生産で生き残ろうとしたため、一人のデザイナーが担当する仕事が何倍にも増え、過労で倒れるほどだったという。結局、社長から契約更新はしないといわれ、数年間勤めたが退職することになった。

実はこの会社では彼女はセクハラも受けていたが、そのときはそう感じてはいなかったそうだ。最初の会社で、上司から女性であるというだけでひどい言葉を受ける毎日を過ごしていたため、もはや会社とはそういうものだと思っていたという。次の転職先を探すために、人材紹介会社の人に前の会社の状況を説明すると「それはセクハラですよ」と教えられたという。

その後、彼女は、中堅商社の衣料部門に就職した。この会社は初めて出会ったまともな就労環境の会社だった。しかし会社の業績が思わしくなく、勤めて数年後に会社の生き残りのために、不採算部門の閉鎖で整理解雇が始まり、彼女のいた衣料部門も対象となった。

私が彼女に会ったのは、退職して無業になってから1年たったころである。会社都合の退職だったので割増退職金もあり、親元に住んでいることから、経済的には困っていない、ということだった。

「働き続けたかったのですが、会社に恵まれないというか、業界の不況の波に翻弄されて。働きたいと思った業界が悪かったのでしょうか」と物静かに話す。一生懸命、夢を実現するために努力し働き続けてきたものの、よい仕事に出会えず、彼女はすでに会社で働く意欲を失っていた。語学力もある彼女は現在、いわゆる「家事手伝い」である。

彼女が10年以上苦闘してきた勤務歴から、関西での根強い男尊女卑的な意識や、産業が斜陽化するなかで業界全体の就業状況が悪化していくさま、立場の弱い女性にしわ寄せが来ること、そして大卒の女性が働ける次の主要産業が見つけられない、といった関西の産業構造の課題が透けて見える。もちろん、関西にも女性にチャンスを与え、育成する会社もあるが、そこに希望者全員が就職できるわけではない。全国のなかでも女性の大学進学率の高い関西で、大学まで来て学んだ彼女たちは、どうすればいきいきとした未来を描けるだろうか。山田（2015）はこのように女性が生きにくい日本の状況を「女性活躍後進国」であると述べている。

これまで「家事手伝い」として見過ごされてきた無業女性の問題は、そのまま女性の貧困問題に直結し、抜き差しならないところまで来ている。無業状態が長引けば、恵まれた立場であるはずの大卒の女性も、いずれ同じ状況になる。だからこそ、大卒無業女性への支援やケアを一刻も早く本格化させる必要があるのだ。

就職氷河期に企業が目先の生き残りのために、採用を絞り、非正規雇用を増やしたことが、若者の安定した経済基盤を失わせ、婚姻率を下げ、出生率を下げ、少子化を一層深刻化させた。その結果、いまや日本社会の存続そのものを脅かすほどまでの問題になっていることを忘れてはならない。2016年に生まれた子ども数はついに100万人を下回ることとなった。今後、日本の人口は急速に縮小していく。そのなかで、次に来る世代の一人でも多くが、男女にかかわらず働くことに夢を持ち、自立していける社会をつくらなくてはならない。私たち自身に、その理解と覚悟はあるだろうか。

そして、自分たちにどんな未来が来るのか、女子大生たちはまだ知らないままである。

おわりに

大学まで出た、恵まれた環境で育った女性が無業になっているという話をどのように読まれただろうか。「本人の責任だ」と思われただろうか。だが、自己責任で放置していると、遠からず貧困状態に陥る人も出てくる。そのときには、彼女たちの問題は私たちの問題になるのだ。

筆者は2003年から2007年まで横浜市で副市長として働いていた。2006年度に、子ども関係の部門を集めて子ども青少年局を設置するときに激論になったのが、青少年行政に若者への就労支援を入れるかどうかだった。「労働は県の仕事です」と反対する声があったが、「実はうちの子どもは、大学を出たものの働かないまま家にいて、もうすぐ30歳になる。きっと同じような若者がほかにもいるはず」と言ってくれる市の幹部がいた。どれぐらいの人がこういった課題を抱えているのか、試しに親向けのセミナーをしてみようということになったが、すると、想定以上に人が集まったのだ。

実際に若者サポートステーションを始めると、来所するのは圧倒的に大卒の男性だった。一方で、本論で書いたように、生活保護の窓口に年老いた親が40代や50代の娘を連れてくる、という話も聞くようになっていた。担当者に聞くと、「40代や50代になるまで職歴が一度もないと、いまさら仕事に就くのは難しい。そもそも本人に働く意欲がない」という。課題は山積していたが、相談窓口に来る若者への支援に手いっぱいで、「女性は？」というところまで手が回らなかったのだ。

その後、外国人市民への支援を担う法人に籍を移し、在住外国人サービスとして、市役所や学校へ市民通訳を派遣する事業を拡大したり、日本の教育制度がわからない外国人の親のために、中国語やスペイン語で相談できる学校相談会を開催したりもした。「中卒で働かせたい」という外国人の親に「日本では高校を出ないとちゃんと就職できない」と説得している横で、子どもが遠慮して「日本語の話せない親より、日本語の話せる自分の方が時給がいいから、中学を卒業したら働く」と高校進学を断念する子どもが多くいた。通訳者は「子どもがいじらしく、胸が張り裂けそうだ」と言っていた。

のちに小規模ではあるがボランティアを募り、中学3年生になった外国人生徒を集めて「高校入試対策勉強会」を開催するようになった。この教室に来る子は各学校から選ばれた生徒で、本人に意欲があり、親も高校進学に賛成していることが前提である。親の都合で突然日本に来た子どもたちは、「自分が高校を出て働いて、家族を助けたい」とはっきり言う。「日本語能力を身につけ、高校をちゃんと卒業して定職に就く。そして日本で自立して生きていける力を得たい。働くことは生きること」と、みな必死だった。

ちょうどそのころ、横浜市の男女共同参画センターで若年無業女性の就労支援がスタートした。「いずれ結婚すれば問題が解決する」と、適切な支援につながらないままの女性が想定以上にいることにセンターが気づき、無業女性が就労経験を積むための場「めぐカフェ」を開設したのは先述したとおりである。

その後、筆者は2010年に関西に戻り、大学で働き始めた。それまでは家庭も安定し、奨学金を借りながらも大学まで進学しているような、普通の学生に会うことはなかったため、大学教員として初めて出会った学生たちは驚きであった。

彼らの多くは、自分たちがどれだけ恵まれているかに気づかずに、これまで親や周りの大人にすべてお膳立てされて、大学まで来てしまった学生たちである。だから、「自分で自分の人生を開拓する」という意欲が薄く、「働いて自立することの重要性」を、まだよく理解していないようであった。だが、これは日本中の大学生に共通のことなのかもしれない。

それよりもっと驚いたのは、関西の大人たちが、様々な場面で女性が働くことにネガティブな発言を繰り返すことだった。しかも多くの会合やセミナーに出席するのは年配の男性ばかりで、女性や若い世代がいない。人手不足だというが、関西で増えているのは非正規雇用ばかり。世代交代や経済のダイナミズムから、関西は取り残されているのではないかと感じた。

関西の女子学生たちも、親や周りの人が言うことを鵜呑みにし、あるいは言い訳に使い、「働くのはしんどい」「女の子ががんばるのはカッコ悪い」と平気で言う。狭い世界で、自分に都合のいい情報だけで、物事を判断しようとしているのだ。いくら大学の教員やキャリアセンターが、自立する重要性を話しても、親が「女子は結婚がゴール」「満員電車に乗せてお勤めなんてさせられない」「子育てしながら働くなんて無理よ」と教えていれば、どうにもできない。

加えて、周りに等身大の仕事の面白さを話せる女性が少ないのもよくない。親と教員以外では、アルバイト先の人ぐらいしか出会う大人がいないという。就労意欲のある女子大生にしても、「見本にしたい」と思う先輩女性がおらず、「これからどの様に働き続ければいいのか、展望が描けない」と話す。かつてないほど人手不足だというのに、高等教育を受けている彼女たちのなかに、前向きの就労意欲を持てない者がいるのはなぜだろう、と思うようになった。

そんな折、関西の経済界が設置したシンクタンクである「一般財団法人アジア太平洋研究所」から、「関西の女性就業率拡大」をテーマにした研究会のお誘いを受け、関西の多くの女性たちにヒアリングやインタビューを実施する機会を得た。

実際に大卒で無業になっている女性の話を聞くと、新卒時の本人の甘さもあるが、いきいきと働く大人の姿を見せられない、つまり「大人になることの面白さ」を見せられない私たちにも責任の一端があると考えるようになった。また非正規で初職をスタートしたり、一度非正規になると、その後はなかなか安定した職には就けないという、女性の非正規化の波に、大卒女性も翻弄されていることもわかった。さらに再就職を考えている子持ちのお母さんたちにも話を聞き、関西の特定の地域で残る保守的な意識や保育園不足が、女性の就職の大きな壁になっていることを確認した。ヒアリングで母親たちが、「男性も含めてすべての人の働き方が変わらない限り、女性がいきいき働くことなどできない」と、悲観的だったのは印象深い。

こうした2015〜2016年のこの研究会での議論や調査がもとになって、この本はできている。また、この本では関西の女性に焦点を当てたが、これは関西だけの課題でないことをご理解いただければ幸いである。

増田寛也氏の「消滅する市町村リスト」が話題になったが、結局は女性がいなくなる地域から消えていくということがはっきりした。筆者が子育て支援で各地を回った際に気づいたのは、女性に仕事や様々なチャンスがあり、それぞれの生き方や再トライを支える基盤がある地域に、女性は移動していくということである。

政権は働き方改革で、テレワークの拡大や長時間労働の削減、同一労働同一賃金の導入を掲げるが、制度改革はつまみ食いのように、いいとこどりはできない。いまの改革では、日本の女性が本当にいきいきと働けるようになるのかどうか、まだわからないと思っている。

一向に解決できない保育園の待機児童を減らそうと、育児休業の2歳までの延長が決まったが、かつてドイツでは、育児手当を出すことで3歳まで家庭で育児するように誘導したことで、かえって出生率が下がった。3年も休業する女性を企業は雇わないため、女性たちが出産を避けたのだ。結局、両親手当に変え支給額を上げるかわりに、事実上の育児休業を1年にし、父親の育児休業取得を推し進めていることを忘れてはならない。

最後に、研究会に参加する機会を下さったアジア太平洋研究所数量分析センター長の稲田義久先生に感謝申し上げる。また、本書の基礎データやヒアリングなどは同研究所の矢野ひとみ氏（現・関西経済連合会）、橘知孝氏にお世話になった。さらにヒアリングの実施には、滋賀県と大阪府の就労支援担当の方のお世話にもなった。日本経済研究センターの長町理恵子氏には、各種統計データの読み方や集計に関してだけでなく、関西経済の特色などについてもご指導を頂いた。

本書で取り上げたデータの一部は文部科学省科学研究費補助金基盤研究C「世帯の意思決定と政策・労働・消費のマクロ的要因との関係の国際比較」（研究代表者吉田千鶴）2011〜2013、「大学生の就業意識の涵養と就業継続支援における大学と企業の役割」（研究代表者・前田正子）2013〜2016などによって得たものである。改めて深謝申し上げたい。

自らも働く母親である担当編集者の内田朋恵氏とは、何度もディスカッションし、本書の問題意識を深めることができた。本書中の間違いやミスはすべて筆者に帰するものである。

二〇一六年十二月

前田正子

表4-1　府県別未婚女性の就業状態と就業希望の有無などの人数（2012）

未婚女性（未婚の数字）	20～24歳				
	全国	東京	愛知	福井	大阪
総数	2,795,900	367,600	174,500	14,300	214,400
就業者	1,908,900	247,700	131,100	11,600	142,000
無業者	887,100	119,900	43,400	2,700	72,400
家事をしている者	84,000	7,900	5,700	300	6,200
通学している者	665,200	98,100	31,200	1,900	54,500
その他	137,600	13,900	6,500	500	11,700
（就業希望の有無，求職活動の有無）					
就業希望者	353,200	46,400	18,200	800	28,600
求職者	225,500	28,100	12,400	400	19,400
非求職者	126,300	18,300	5,800	400	9,100
非就業希望者	531,300	73,100	25,200	1,900	43,500

未婚女性（未婚の数字）	20～24歳				
	滋賀	奈良	兵庫	京都	和歌山
総数	32,900	33,600	126,300	74,900	17,300
就業者	24,400	21,600	81,400	45,200	11,700
無業者	8,500	12,000	44,900	29,700	5,500
家事をしている者	500	700	2,800	1,600	700
通学している者	6,800	9,800	36,200	25,900	4,100
その他	1,300	1,400	5,900	2,200	800
（就業希望の有無，求職活動の有無）					
就業希望者	2,500	4,000	16,100	12,200	2,000
求職者	1,400	2,700	10,400	7,200	1,600
非求職者	1,200	1,200	5,700	4,500	400
非就業希望者	6,000	8,000	28,400	17,300	3,500

資料：総務省「平成24年就業構造基本調査」（2012年）より筆者作成　（単位：人）
（注）表章単位未満の位で四捨五入されているため、計と内計の合計は必ずしも一致しない。

未婚女性（未婚の数字）	25～29歳				
	全国	東京	愛知	福井	大阪
総数	2,164,000	330,900	125,500	11,500	172,600
就業者	1,878,500	290,900	110,700	10,400	149,700
無業者	285,500	40,000	14,900	1,100	22,900
家事をしている者	97,000	9,200	3,500	400	8,900
通学している者	44,100	12,300	2,600	100	3,100
その他	143,500	18,100	8,800	600	10,900
（就業希望の有無，求職活動の有無）					
就業希望者	203,600	29,800	9,000	800	15,900
求職者	131,400	18,600	5,800	500	10,200
非求職者	71,800	11,200	3,200	300	5,700
非就業希望者	80,200	10,200	5,200	300	7,000

未婚女性（未婚の数字）	25～29歳				
	滋賀	奈良	兵庫	京都	和歌山
総数	23,000	24,500	95,300	48,900	12,900
就業者	20,600	20,300	82,300	42,900	11,500
無業者	2,400	4,200	12,900	6,000	1,500
家事をしている者	1,000	1,500	4,300	1,800	500
通学している者	400	500	2,600	1,200	100
その他	1,100	2,300	6,000	2,700	900
（就業希望の有無，求職活動の有無）					
就業希望者	1,400	2,900	9,600	4,400	1,200
求職者	700	2,200	6,400	2,800	500
非求職者	700	700	3,000	1,600	700
非就業希望者	1,000	1,300	3,300	1,200	300

（単位：人）

未婚女性（未婚の数字）	30～34歳				
	全国	東京	愛知	福井	大阪
総数	1,357,300	228,400	67,900	6,500	101,400
就業者	1,178,900	209,100	57,400	5,600	89,800
無業者	178,400	19,300	10,500	900	11,600
家事をしている者	71,300	6,400	4,800	200	4,800
通学している者	10,500	1,800	-	0	900
その他	96,100	11,100	5,700	700	6,000
（就業希望の有無，求職活動の有無）					
就業希望者	124,400	12,700	8,500	400	7,800
求職者	72,300	6,200	5,200	300	4,800
非求職者	52,000	6,500	3,300	100	3,000
非就業希望者	53,200	6,300	2,100	500	3,400

未婚女性（未婚の数字）	30～34歳				
	滋賀	奈良	兵庫	京都	和歌山
総数	11,400	12,600	54,800	31,000	8,800
就業者	9,600	9,600	48,700	26,300	7,000
無業者	1,800	3,000	6,100	4,700	1,800
家事をしている者	700	900	2,800	1,600	500
通学している者	100	100	100	400	100
その他	900	2,000	3,200	2,600	1,200
（就業希望の有無，求職活動の有無）					
就業希望者	1,300	2,000	3,900	3,200	1,100
求職者	700	1,200	2,200	2,000	400
非求職者	600	700	1,700	1,000	700
非就業希望者	400	900	2,200	1,500	700

（単位：人）

未婚女性（未婚の数字）	35～39歳				
	全国	東京	愛知	福井	大阪
総数	1,060,900	163,400	47,500	4,400	88,300
就業者	886,400	138,000	41,400	3,800	73,500
無業者	174,500	25,400	6,100	600	14,800
家事をしている者	71,900	12,300	2,300	200	3,900
通学している者	6,200	2,600	-	0	500
その他	95,800	10,500	3,800	300	10,400
（就業希望の有無，求職活動の有無）					
就業希望者	111,500	18,200	3,600	400	9,400
求職者	65,700	8,800	1,900	100	5,600
非求職者	45,500	9,400	1,700	200	3,800
非就業希望者	61,800	7,200	2,600	200	4,500

未婚女性（未婚の数字）	35～39歳				
	滋賀	奈良	兵庫	京都	和歌山
総数	8,100	11,100	47,400	20,900	6,400
就業者	7,100	9,000	38,600	18,400	5,200
無業者	1,000	2,200	8,800	2,500	1,200
家事をしている者	400	1,300	4,400	1,200	400
通学している者	-	100	200	100	100
その他	600	800	4,200	1,200	800
（就業希望の有無，求職活動の有無）					
就業希望者	700	1,300	5,200	1,500	800
求職者	600	700	4,300	900	600
非求職者	100	600	800	600	200
非就業希望者	300	900	3,600	1,000	400

（単位：人）

未婚女性 （未婚の数字）	40～44歳				
	全国	東京	愛知	福井	大阪
総数	808,100	143,500	39,300	3,400	66,300
就業者	642,700	112,600	31,000	2,700	54,300
無業者	165,400	30,800	8,400	700	12,000
家事をしている者	65,300	10,700	2,900	400	4,200
通学している者	1,100	-	-	-	-
その他	98,200	19,600	5,500	300	7,800
（就業希望の有無，求職活動の有無）					
就業希望者	101,900	21,200	5,300	300	7,300
求職者	59,500	13,300	2,100	100	4,900
非求職者	41,600	7,300	3,200	100	2,400
非就業希望者	61,900	9,600	3,100	400	4,400

未婚女性 （未婚の数字）	40～44歳				
	滋賀	奈良	兵庫	京都	和歌山
総数	4,800	7,600	36,300	17,600	4,500
就業者	3,900	6,000	27,600	14,000	3,300
無業者	900	1,700	8,700	3,600	1,200
家事をしている者	500	800	4,700	1,600	300
通学している者	-	100	-	100	-
その他	400	800	3,900	1,800	900
（就業希望の有無，求職活動の有無）					
就業希望者	400	1,100	5,700	2,600	600
求職者	300	300	2,800	1,600	300
非求職者	100	800	2,900	1,000	300
非就業希望者	500	600	2,000	1,000	600

（単位：人）

表4-2　府県別未婚女性の就業状態と就業希望の有無などが未婚女性の総数に占める割合(2012年)

未婚女性（未婚の数字）	20～24歳				
	全国	東京	愛知	福井	大阪
総数	100%	100%	100%	100%	100%
就業者	68.3%	67.4%	75.1%	81.1%	66.2%
無業者	31.7%	32.6%	24.9%	18.9%	33.8%
家事をしている者	3.0%	2.1%	3.3%	2.1%	2.9%
通学している者	23.8%	26.7%	17.9%	13.3%	25.4%
その他	4.9%	3.8%	3.7%	3.5%	5.5%
（就業希望の有無，求職活動の有無）					
就業希望者	12.6%	12.6%	10.4%	5.6%	13.3%
求職者	8.1%	7.6%	7.1%	2.8%	9.0%
非求職者	4.5%	5.0%	3.3%	2.8%	4.2%
非就業希望者	19.0%	19.9%	14.4%	13.3%	20.3%
未婚女性（未婚の数字）	20～24歳				
	滋賀	奈良	兵庫	京都	和歌山
総数	100%	100%	100%	100%	100%
就業者	74.2%	64.3%	64.4%	60.3%	67.6%
無業者	25.8%	35.7%	35.6%	39.7%	31.8%
家事をしている者	1.5%	2.1%	2.2%	2.1%	4.0%
通学している者	20.7%	29.2%	28.7%	34.6%	23.7%
その他	4.0%	4.2%	4.7%	2.9%	4.6%
（就業希望の有無，求職活動の有無）					
就業希望者	7.6%	11.9%	12.7%	16.3%	11.6%
求職者	4.3%	8.0%	8.2%	9.6%	9.2%
非求職者	3.6%	3.6%	4.5%	6.0%	2.3%
非就業希望者	18.2%	23.8%	22.5%	23.1%	20.2%

資料：総務省「平成24年就業構造基本調査」(2012年）より筆者作成　(単位：人)
(注) 表章単位未満の位で四捨五入されているため、計と内計の合計は必ずしも一致しない。

未婚女性 （未婚の数字）	25～29歳				
	全国	東京	愛知	福井	大阪
総数	100%	100%	100%	100%	100%
就業者	86.8%	87.9%	88.2%	90.4%	86.7%
無業者	13.2%	12.1%	11.9%	9.6%	13.3%
家事をしている者	4.5%	2.8%	2.8%	3.5%	5.2%
通学している者	2.0%	3.7%	2.1%	0.9%	1.8%
その他	6.6%	5.5%	7.0%	5.2%	6.3%
（就業希望の有無，求職活動の有無）					
就業希望者	9.4%	9.0%	7.2%	7.0%	9.2%
求職者	6.1%	5.6%	4.6%	4.3%	5.9%
非求職者	3.3%	3.4%	2.5%	2.6%	3.3%
非就業希望者	3.7%	3.1%	4.1%	2.6%	4.1%

未婚女性 （未婚の数字）	25～29歳				
	滋賀	奈良	兵庫	京都	和歌山
総数	100%	100%	100%	100%	100%
就業者	89.6%	82.9%	86.4%	87.7%	89.1%
無業者	10.4%	17.1%	13.5%	12.3%	11.6%
家事をしている者	4.3%	6.1%	4.5%	3.7%	3.9%
通学している者	1.7%	2.0%	2.7%	2.5%	0.8%
その他	4.8%	9.4%	6.3%	5.5%	7.0%
（就業希望の有無，求職活動の有無）					
就業希望者	6.1%	11.8%	10.1%	9.0%	9.3%
求職者	3.0%	9.0%	6.7%	5.7%	3.9%
非求職者	3.0%	2.9%	3.1%	3.3%	5.4%
非就業希望者	4.3%	5.3%	3.5%	2.5%	2.3%

（単位：人）

未婚女性 （未婚の数字）	30～34歳				
	全国	東京	愛知	福井	大阪
総数	100%	100%	100%	100%	100%
就業者	86.9%	91.5%	84.5%	86.2%	88.6%
無業者	13.1%	8.5%	15.5%	13.8%	11.4%
家事をしている者	5.3%	2.8%	7.1%	3.1%	4.7%
通学している者	0.8%	0.8%	－	0.0%	0.9%
その他	7.1%	4.9%	8.4%	10.8%	5.9%
（就業希望の有無，求職活動の有無）					
就業希望者	9.2%	5.6%	12.5%	6.2%	7.7%
求職者	5.3%	2.7%	7.7%	4.6%	4.7%
非求職者	3.8%	2.8%	4.9%	1.5%	3.0%
非就業希望者	3.9%	2.8%	3.1%	7.7%	3.4%

未婚女性 （未婚の数字）	30～34歳				
	滋賀	奈良	兵庫	京都	和歌山
総数	100%	100%	100%	100%	100%
就業者	84.2%	76.2%	88.9%	84.8%	79.5%
無業者	15.8%	23.8%	11.1%	15.2%	20.5%
家事をしている者	6.1%	7.1%	5.1%	5.2%	5.7%
通学している者	0.9%	0.8%	0.2%	1.3%	1.1%
その他	7.9%	15.9%	5.8%	8.4%	13.6%
（就業希望の有無，求職活動の有無）					
就業希望者	11.4%	15.9%	7.1%	10.3%	12.5%
求職者	6.1%	9.5%	4.0%	6.5%	4.5%
非求職者	5.3%	5.6%	3.1%	3.2%	8.0%
非就業希望者	3.5%	7.1%	4.0%	4.8%	8.0%

（単位：人）

未婚女性 （未婚の数字）	35～39歳				
	全国	東京	愛知	福井	大阪
総数	100%	100%	100%	100%	100%
就業者	83.6%	84.5%	87.2%	86.4%	83.2%
無業者	16.4%	15.5%	12.8%	13.6%	16.8%
家事をしている者	6.8%	7.5%	4.8%	4.5%	4.4%
通学している者	0.6%	1.6%	−	0.0%	0.6%
その他	9.0%	6.4%	8.0%	6.8%	11.8%
（就業希望の有無，求職活動の有無）					
就業希望者	10.5%	11.1%	7.6%	9.1%	10.6%
求職者	6.2%	5.4%	4.0%	2.3%	6.3%
非求職者	4.3%	5.8%	3.6%	4.5%	4.3%
非就業希望者	5.8%	4.4%	5.5%	4.5%	5.1%

未婚女性 （未婚の数字）	35～39歳				
	滋賀	奈良	兵庫	京都	和歌山
総数	100%	100%	100%	100%	100%
就業者	87.7%	81.1%	81.4%	88.0%	81.3%
無業者	12.3%	19.8%	18.6%	12.0%	18.8%
家事をしている者	4.9%	11.7%	9.3%	5.7%	6.3%
通学している者	−	0.9%	0.4%	0.5%	1.6%
その他	7.4%	7.2%	8.9%	5.7%	12.5%
（就業希望の有無，求職活動の有無）					
就業希望者	8.6%	11.7%	11.0%	7.2%	12.5%
求職者	7.4%	6.3%	9.1%	4.3%	9.4%
非求職者	1.2%	5.4%	1.7%	2.9%	3.1%
非就業希望者	3.7%	8.1%	7.6%	4.8%	6.3%

（単位：人）

未婚女性（未婚の数字）	40～44歳				
	全国	東京	愛知	福井	大阪
総数	100%	100%	100%	100%	100%
就業者	79.5%	78.5%	78.9%	79.4%	81.9%
無業者	20.5%	21.5%	21.4%	20.6%	18.1%
家事をしている者	8.1%	7.5%	7.4%	11.8%	6.3%
通学している者	0.1%	-	-	-	-
その他	12.2%	13.7%	14.0%	8.8%	11.8%
（就業希望の有無，求職活動の有無）					
就業希望者	12.6%	14.8%	13.5%	8.8%	11.0%
求職者	7.4%	9.3%	5.3%	2.9%	7.4%
非求職者	5.1%	5.1%	8.1%	2.9%	3.6%
非就業希望者	7.7%	6.7%	7.9%	11.8%	6.6%

未婚女性（未婚の数字）	40～44歳				
	滋賀	奈良	兵庫	京都	和歌山
総数	100%	100%	100%	100%	100%
就業者	81.3%	78.9%	76.0%	79.5%	73.3%
無業者	18.8%	22.4%	24.0%	20.5%	26.7%
家事をしている者	10.4%	10.5%	12.9%	9.1%	6.7%
通学している者	-	1.3%	-	0.6%	-
その他	8.3%	10.5%	10.7%	10.2%	20.0%
（就業希望の有無，求職活動の有無）					
就業希望者	8.3%	14.5%	15.7%	14.8%	13.3%
求職者	6.3%	3.9%	7.7%	9.1%	6.7%
非求職者	2.1%	10.5%	8.0%	5.7%	6.7%
非就業希望者	10.4%	7.9%	5.5%	5.7%	13.3%

（単位：人）

得）
内閣府男女共同参画局（2015a）『平成27年版男女共同参画白書』
内閣府経済社会研究所（2015b）『少子化と未婚女性の生活環境に関する分析』ESRI Discussion Paper Series No. 323.
前田正子（2016）「女子大生の交際確率を高める要因分析」Hirao School of Management Review Vol 6, pp18-32.
水島治郎（2012）『反転する福祉国家――オランダモデルの光と影』岩波書店
文部科学省『学校基本調査』各年度版
三浦哲（2010）「現代日本の未婚者の群像」『結婚の壁　非婚・晩婚の構造』佐藤博樹・永井暁子・三輪哲編，勁草書房，pp. 13-36.
山田昌弘（2007）『少子社会日本――もひとつの格差のゆくえ』岩波新書
山田昌弘（2013）「女性労働の家族依存モデルの限界」『ビジネス・レーバー・トレンド』労働政策研究・研修機構，2013年10月号，pp7-10.
山田昌弘（2015）『女性活躍後進国ニッポン』岩波ブックレット
Blossfeld, Hans-Peter（2009）“Educational Assortative Marriage in Comparative Perspective”. *Annual Review of Sociology*, 35(1), pp513-530.
“Land of the wasted talent” *The Economist*, The Economist Newspaper Limited, 2011, Nov 5th pp77.
Mare, Robert D.（1991）“Five Decades of Educational Assortative Mating”, *American Sociological Review*, Vol. 56, No. 1, pp15-32.
OECD（2013）*Education at a Glance 2013*, OECD

て」『現代の階層社会２　階層と移動の構造』石田浩・近藤博之編，東京大学出版会，pp317-334.
白河桃子・常見陽平（2012）『女子と就活――20代からの「就・妊・婚」講座』中公新書ラクレ.
白水崇真子（2015）「生活困窮状態の一〇代女性の現状と必要な包括的支援」『下層化する女性たち　労働と家庭からの排除と貧困』小杉礼子・宮本みち子編，勁草書房，pp201-222.
千年よしみ（2016）「女性の就業と母親との近居――第２回・第５回全国家庭動向調査を用いた分析」『人口問題研究』第72巻 Vol. 2，pp120-139.
総務省統計局（2015）『平成27年度家計調査』
総務省統計局（2012）『平成24年　就業構造基本調査』
総務省統計局（2010）『平成22年　国勢調査』
総務省統計局（2015）『平成27年　国勢調査』
総務省統計局（2016）『住民基本台帳人口移動報告　2015年結果』
総務省統計局（2015）『労働力調査』
筒井淳也（2016）『結婚と家族のこれから――共働き社会の限界――』光文社新書
中村真由美（2016）「地域ブロック内における出生率の違い――富山と福井の比較から」『家族社会学研究』第28巻第１号，pp26-42.
日本銀行大阪支店（2015）『関西における個人消費と所得の特徴について――所得対比でみて消費が堅調な背景――』http://www3.boj.or.jp/osaka/_userdata/chosa150320.pdf（2016年６月１日取得）
内閣府（2012）『平成23年度　都市と地方における子育て環境に関する調査　全体版』http://www8.cao.go.jp/shoushi/shoushika/research/cyousa23/kankyo/index_pdf.html（2016年９月１日取得）
内閣府（2016）『子ども・若者白書』
内閣府男女共同参画局（2015）「地域における女性の活躍に関する意識調査」http://www.gender.go.jp/research/kenkyu/chiiki_ishiki.html（2016年９月１日取

厚生労働省「地域若者サポートステーション事業の実績」http://www.mhlw.go.jp/file/06-Seisakujouhou-11800000-Shokugyounouryokukaihatsukyoku/h27jisseki.pdf（2016年10月３日取得）

厚生労働省『21世紀出生児縦断調査及び21世紀成年者縦断調査特別報告の概況』http://www.mhlw.go.jp/toukei/saikin/hw/judan/tokubetsu13/dl/02.pdf（2016年４月１日取得）

小島俊樹（2011）「拡大する貧困層世帯の高校生とアルバイトとの関連性」『人間文化研究』名古屋市立大学大学院人間文化研究科，第15号，pp179-192.

小杉礼子（2007）『大学生の就職とキャリア――「普通」の就活・個別の支援』勁草書房

小杉礼子（2015）「若年女性に広がる学歴間格差」『下層化する女性たち　労働と家庭からの排除と貧困』小杉礼子・宮本みち子編，勁草書房，pp242-pp252.

国立社会保障・人口問題研究所（2011）「結婚と出産に関する全国調査　独身者調査の結果概要」『第14回出生動向基本調査』http://www.ipss.go.jp/ps-doukou/j/doukou14_s/doukou14_s.asp（2016年４月５日取得）

国立社会保障・人口問題研究所（2011）「結婚と出産に関する全国調査　夫婦調査の結果概要」『第14回出生動向基本調査』http://websv.ipss.go.jp/ps-doukou/j/doukou14/doukou14.pdf（2016年５月１日取得）

国立社会保障・人口問題研究所（2016）『第15回出生動向基本調査　結果の概要』http://www.ipss.go.jp/ps-doukou/j/doukou15/NFS15_gaiyou.pdf（2016 年 10月１日取得）

首相官邸（2015）「一億総活躍社会とは」第１回一億総活躍国民会議事務局提出資料 http://www.kantei.go.jp/jp/singi/ichiokusoukatsuyaku/dai1/siryou3.pdf(2016年４月５日取得）

首相官邸（2014）「日本再興戦略改定2014――未来への戦略」http://www.kantei.go.jp/jp/singi/keizaisaisei/pdf/honbun2JP.pdf

白波瀬佐和子（2011）「少子化社会の階層構造――階層結合としての結婚に着目し

アジア太平洋研究所（2016）『「関西の女性就業率拡大に向けた提言」研究会報告書』「女性は関西で夢を描けるのか？　鉄は熱いうちに打て（2015年度）」アジア太平洋研究所資料16-05

石井クンツ昌子（2010）「アメリカ社会から見た現代日本の婚活」『「婚活」現象の社会学』山田昌弘編，東洋経済新報社，pp187-224.

岩田正美・大沢真知子・日本女子大学現代女性キャリア研究所編（2015）『なぜ女性は仕事を辞めるのか』青土社

岩澤美帆（1999）「だれが両立を断念しているのか――未婚女性によるライフコース予測の分析」『人口問題研究』第55巻 vol4，pp16-37.

岩澤美帆（2006）「結婚」『少子化社会に関する国際意識調査報告書』内閣府政策統括官，pp. 73-99.

エスピン・アンデルセン（2011）『平等と効率の福祉革命――新しい女性の役割』大沢真理訳，岩波書店

大阪大学，大阪府商工労働部（2015）『若年女性の就業意識等に関する調査結果報告書――女性が輝く社会の実現に向けて』大阪府，資料 No. 147.

OECD（2014）『格差拡大の真実・二極化の要因を解き明かす』小島克久訳，明石書店

加藤久和（2016）「関西からの人口流出と少子化」『女性は関西で夢を描けるか？――鉄は熱いうちに打て（2015年度）』アジア太平洋研究所，pp78-85.

木村絵里子（2016）「「情熱」から「関係性」を重視する恋愛へ――1992年，2002年，2012年調査の比較から」『現代若者の幸福　不安社会を生きる』藤村正之・浅野智彦・羽渕一代編，恒星社厚生閣，pp137-168.

厚生労働省（2014）「介護人材と介護福祉士の在り方について」第５回福祉人材確保対策検討会資料 http://www.mhlw.go.jp/file/05-Shingikai-12201000-Shakaiengokyokushougaihokenfukushibu-Kikakuka/1.shiryo.pdf（2016年４月５日取得）

厚生労働省『雇用動向調査』各年度版

厚生労働省（2013）『人口動態統計』

著者略歴

前田正子（まえだ・まさこ）
甲南大学マネジメント創造学部教授。商学博士。
早稲田大学教育学部卒業。公益財団法人松下政経塾を経て、米国ノースウェスタン大学ケロッグ経営大学院に子連れ留学。慶応大学大学院商学研究科後期博士課程修了。留学をきっかけに、ライフデザイン研究所（現：第一生命経済研究所）で女性の就労や子育て支援の研究を始める。2003年～2007年横浜市副市長。医療・福祉・教育担当。2007年～2010年公益財団法人横浜市国際交流協会理事長。2010年より現職。2009年～2011年地域主権戦略会議構成員権限移譲担当主査。2011年～2012年社会保障改革に関する集中検討会議委員。現在、厚生労働省「保育士養成課程等検討会」、内閣府「教育・保育施設等における重大事故防止策を考える有識者会議」委員。
主な著書に『みんなでつくる子ども・子育て支援新制度』ミネルヴァ書房（2014年）、『福祉がいまできること――横浜市副市長の経験から』岩波書店（2008年）、『子育てしやすい社会――保育・家庭・職場をめぐる育児支援策』ミネルヴァ書房（2004年）など。

大卒無業女性の憂鬱
――彼女たちの働かない・働けない理由――

2017年2月7日　第1版第1刷発行

著　　者　前田正子
発 行 者　株式会社　新泉社
　　　　　東京都文京区本郷2-5-12
　　　　　電話 03（3815）1662　FAX 03（3815）1422

印刷・製本　創栄図書印刷株式会社

ISBN978-4-7877-1612-5　C0036